FOTOGRAFÍA BÁSICA

GUÍA DE BOLSILLO

TABLE OF CONTENTS

01 LISTA PREVIA A LA TOMA DE FOT

02 FUNDAMENTOS DE LA EXPOSICIÓN

APERTURA Y PROFUNDIDAD DE CAMPO 6
VELOCIDAD DE OBTURACIÓN Y MOVIMIENTO 7
ISO Y RUIDO 8
PASOS DE LUZ 8

03 CONFIGURACIÓN DE TU CÁMARA

MODOS DE EXPOSICIÓN/DISPARO 10
MODOS DE MEDICIÓN 11
COMPENSACIÓN DE LA EXPOSICIÓN 12
ÁREA DE ENFOQUE Y MODOS DE ENFOQUE 13
MODOS DE DISPARO/ACCIONAMIENTO 14
BALANCE DE BLANCOS 15
AVISO DE ALTAS LUCES 16

REDUCCIÓN DE RUIDO 16
FORMATOS DE ARCHIVO Y TAMAÑOS DE ARCHIVO 17
CONTROLES DE IMAGEN/ESTILOS/SIMULACIONES DE PELÍCULA 18
ESPACIOS DE COLOR 18
ESTABILIZADOR DE IMAGEN/REDUCCIÓN DE VIBRACIONES 19
RESTABLECER LA CÁMARA 19

04 OBJETIVOS Y DISTANCIA FOCAL

DISTANCIAS FOCALES 20
OBJETIVOS DE APERTURA CONSTANTE Y OBJETIVOS DE APERTURA VARIABLE 22
COMPRESIÓN DEL OBJETIVO Y DISTORSIÓN 23
DISTANCIA FOCAL, MOVIMIENTO DE LA CÁMARA Y VELOCIDAD DE OBTURACIÓN 25

05 TÉCNICAS AVANZADAS DE DISPARO

ISO AUTOMÁTICA 26
ENFOQUE CON BOTÓN TRASERO 26
ENFOQUE Y COMPOSICIÓN 27
HORQUILLADO DE EXPOSICIÓN/FOTOGRAFÍA HDR 28
USO DEL HISTOGRAMA 28

06 CONSEJOS DE COMPOSICIÓN

REGLA DE LOS TERCIOS 30
LLENAR EL ENCUADRE 31
ESPACIO NEGATIVO 32
LÍNEAS DE FUGA 33
PATRONES Y REPETICIÓN 34
MARCO DENTRO DE UN MARCO 35
PERSPECTIVA 36
COLOR 37
BLANCO Y NEGRO 38
VIGILA EL FONDO 39
SIMPLIFICA 40
BUSCA UNA BUENA LUZ 41

07 ESCENARIOS FOTOGRÁFICOS TÍPICOS

RETRATO 42
RETRATO GRUPAL 44
PAISAJE 45
CONGELAR MOVIMIENTO 47
SUJETOS EN MOVIMIENTO–PANORÁMICAS 48
CONDICIONES DE BAJA LUMINOSIDAD 49
LARGA EXPOSICIÓN 50
MACRO/PRIMER PLANO 51

01 LISTA PREVIA A LA TOMA DE FOTOS

¡Revisa estos ajustes en tu cámara antes de usarla!

CONFIGURACIÓN	MIS AJUSTES PREFERIDOS
☑ Modo de exposición/disparo	....
☑ Modo de medición	....
☑ Compensación de la exposición	....
☑ Ajuste ISO	....
☑ Área de enfoque	....
☑ Modo de enfoque	....
☑ Modo de accionamiento	....
☑ Balance de blancos	....
☑ Aviso de altas luces: encendido/apagado	....
☑ Reducción de ruido	....
☑ Formato de archivo: JPEG, RAW o RAW+JPEG	....
☑ Control de imagen/Estilo/ Simulación de película	....
☑ Espacio de color	....
☑ Estabilizador de imagen/ Reducción de vibraciones: encendido/apagado	....
☑ Batería completamente cargada y en la cámara	....
☑ Tarjeta(s) de memoria formateada(s) y en la cámara	....

02 FUNDAMENTOS DE LA EXPOSICIÓN

La exposición es la cantidad total de luz que llega al sensor de la cámara para crear una fotografía. El propósito es obtener la cantidad de luz óptima para crear una imagen con buena exposición. ¿Demasiado brillante? Tu foto está sobreexpuesta. ¿Demasiado oscura? Tu foto está subexpuesta. Estas son las tres funciones que controlan la exposición:

Apertura: El tamaño del diafragma, que controla la cantidad de luz que pasa a través del objetivo.

Velocidad de obturación: Controla la cantidad de tiempo en el que el sensor se expone a la luz.

ISO: Controla la sensibilidad del sensor a la luz. Además de controlar la cantidad de luz que llega al sensor, cada ajuste de la ISO también tiene un efecto creativo muy importante que influye en la apariencia de la foto. Esto ocurre así especialmente con la apertura y la velocidad de obturación.

Al tomar una fotografía, se buscan dos cosas: (1) obtener la cantidad adecuada de luz en el sensor de la cámara para crear una buena exposición y (2) conseguir el aspecto creativo deseado.

APERTURA Y PROFUNDIDAD DE CAMPO

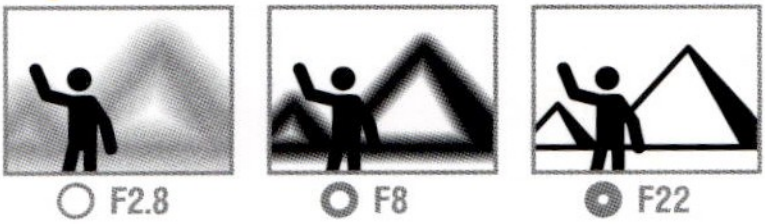

La apertura—que se representa en términos de números f o pasos f: f/2.8, f/4, f/5.6, etc.—es la abertura del objetivo que deja pasar la luz a la cámara y al sensor. Parece contraintuitivo, pero:

- Cuanto menor sea el número f, mayor será la apertura. Por ejemplo, f/2.8 es una abertura amplia que deja entrar mucha luz en la cámara.
- Cuanto mayor sea el número f, menor será la apertura. Por ejemplo, f/22 es una abertura estrecha que deja pasar muy poca luz en la cámara.

Efecto creativo: La apertura también controla la *profundidad de campo* en una imagen, que determina qué parte de la imagen aparece enfocada desde el primer plano hasta el fondo. Cuanto mayor sea la apertura (como f/2.8), menor será la profundidad de campo. La poca profundidad de campo se utiliza a menudo para retratos. Cuanto menor sea la apertura (como f/22), mayor será la profundidad de campo. La gran profundidad de campo suele utilizarse en la fotografía de paisajes.

VELOCIDAD DE OBTURACIÓN Y MOVIMIENTO

1/500 1/60 1/8

La velocidad de obturación es la cantidad de tiempo que la luz llega al sensor.

- Las velocidades de obturación más rápidas, tales como 1/500" o 1/4000", permiten que llegue menos luz al sensor.
- Las velocidades de obturación más largas, tales como 1/15" o 1 segundo, permiten que llegue más luz al sensor. (A veces los fotógrafos utilizan velocidades de obturación muy largas, de varios minutos o incluso de horas).

Efecto creativo: La velocidad de obturación controla cómo se muestra el movimiento en la imagen. Cuanto más rápida sea la velocidad de obturación, menos tiempo tiene el sujeto para moverse y es mayor la posibilidad de que el sujeto quede congelado en un enfoque nítido. Las velocidades de obturación lentas pueden mostrar la acción del sujeto con un efecto de desenfoque de movimiento. Una velocidad de obturación rápida puede usarse para congelar gotas de agua; mientras que una velocidad de obturación lenta puede ser usada para difuminar el agua de una cascada, creando un efecto de "cascada de seda".

ISO Y RUIDO

La función ISO determina el grado de sensibilidad a la luz del sensor. Cuanto mayor sea el ajuste ISO, más sensible será el sensor. Con ajustes ISO más altos, se puede introducir ruido digital en la imagen. Algunos fotógrafos consideran el ruido digital como una especie de "efecto creativo" similar al "grano" de la película, pero para la mayoría de los fotógrafos, este ruido digital se registra como puntos de color no deseados que hay que evitar.

Nota: El ruido también puede introducirse durante exposiciones largas.

PASOS DE LUZ

En fotografía, la luz se mide y se nombra en términos de "pasos". Una diferencia de un paso en la exposición equivale a duplicar o reducir a la mitad la cantidad de luz que llega al sensor. Todas las funciones mencionadas aquí (apertura, velocidad de obturación e ISO) pueden ajustarse en pasos (o incluso en incrementos de 1/3 de paso):

- Apertura: Los incrementos de un paso de números f son f/2, f/2.8, f/4, f/5.6, f/8, f/11, f/16, etc.
- Velocidad de obturación: Las opciones de incrementos de un paso son 1", 1/2", 1/4", 1/8", 1/15", 1/30", 1/60", 1/125", etc.

- ISO: Los incrementos de un paso en ISO son 100, 200, 400, 800, 1600, 3200, etc.

Por ejemplo, si una foto está sobreexpuesta (hay demasiada luz), puedes reducir la exposición en un paso realizando uno de los siguientes ajustes:

- Apertura: Cambia de f/2.8 a f/4 para que entre la mitad de luz a la vez.
- Velocidad de obturación: Cambia de 1/30" a 1/60" para reducir a la mitad el tiempo que la luz llega al sensor.
- ISO: Cambia de 800 a 400 para que el sensor sea la mitad de sensible a la luz.

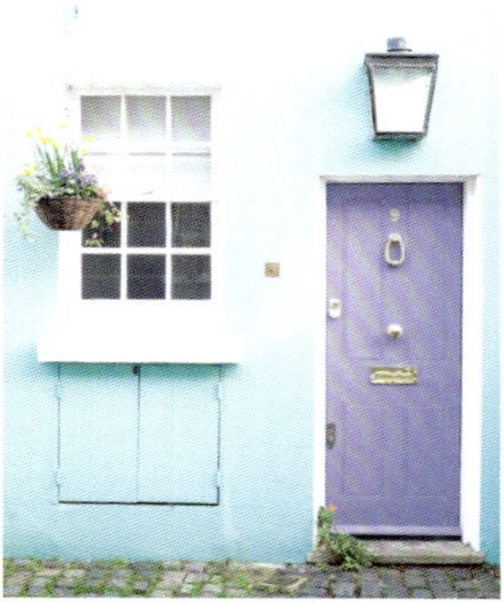

Sobreexpuesta a un paso

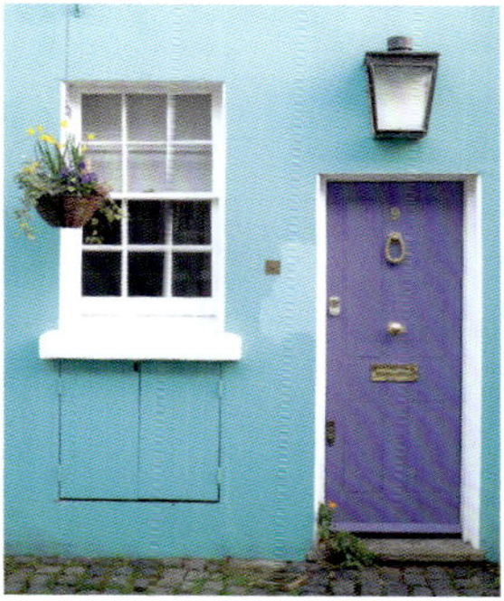

Exposición corregida al cambiar la apertura de f/2.8 a f/4

03 CONFIGURACIÓN DE TU CÁMARA

MODOS DE EXPOSICIÓN/DISPARO

Con el modo de exposición/disparo que selecciones le indicarás a la cámara cómo quieres la exposición. Existen cuatro modos de exposición/disparo para elegir:

Automática Programada: La cámara determina la exposición ajustando la velocidad de obturación y la apertura. El fotógrafo tiene poco control sobre la exposición.

Prioridad Apertura: *Este es el modo de disparo más popular y el más utilizado para la mayoría de las situaciones.* El fotógrafo ajusta la apertura y la cámara la velocidad de obturación. Es la mejor opción cuando se desea controlar la profundidad de campo para que el sujeto destaque sobre un fondo desenfocado (por ejemplo: al usar f/2.8 para lograr una poca profundidad de campo) o cuando necesitas asegurarte de que todos los elementos de la imagen están bien enfocados (por ejemplo: al usar f/22 para lograr una gran profundidad de campo).

Prioridad Velocidad de Obturación: El fotógrafo selecciona la velocidad de obturación y la cámara elige la apertura. Es la mejor opción cuando quieres controlar cómo deseas transmitir el movimiento en la fotografía, ya sea congelándolo (con una velocidad de obturación rápida) o desenfocándolo de forma creativa (con una velocidad de obturación lenta).

Manual: El fotógrafo escoge la velocidad de obturación y la apertura, y la cámara no toma ninguna decisión. El modo manual es la mejor opción cuando disparas en condiciones de luz complejas en las que la lectura del fotómetro integrado en la cámara podría no trabajar a tu favor.

Nota: Algunas cámaras cuentan con modos adicionales (tales como los modos de Escena u otros modos Automáticos), pero estos cuatro son los principales modos de exposición/disparo en los que se basan el resto de los modos

MODOS DE MEDICIÓN

Para determinar lo que considera la exposición óptima, la cámara utiliza un fotómetro integrado para analizar y medir la luz de la escena. A este proceso se le conoce como medición, y los modos de medición en tu cámara miden la luz de diferentes maneras. La cámara utiliza esta información para determinar los ajustes de medición que considera adecuados para la exposición de la fotografía. Estos son los tres modos de medición principales:

Evaluativo/matricial: La cámara examina la escena completa para determinar la exposición. *Este es el mejor ajuste para la mayoría de las fotografías y es el modo de medición recomendado para la mayoría de las situaciones.*

Puntual: La cámara observa sólo una pequeña parte de la escena e ignora el resto. Es la mejor elección cuando tienes grandes zonas alrededor del sujeto que son muy oscuras o muy luminosas (por ejemplo, un actor en un escenario) y no quieres que la cámara las tenga en cuenta en la exposición.

Ponderada central: La cámara analiza y da prioridad a la parte central y principal de la escena para medir la luz e ignora los bordes exteriores de la escena.

COMPENSACIÓN DE LA EXPOSICIÓN

Cuando disparas en modo de exposición Automática Programada, Prioridad Apertura o Prioridad Velocidad de Obturación, la cámara determina al menos uno de los ajustes de exposición y, algunas veces, la exposición general no tiene el resultado esperado, la imagen será demasiado oscura o demasiado brillante. La función de compensación de la exposición permite ajustar la exposición para que la foto salga más clara (compensación + [más]) o más oscura (compensación - [menos]). *Se trata de una función muy potente*. La mayoría de los fotógrafos utilizan la compensación de la exposición en coordinación con el disparo en modo Prioridad Apertura o Prioridad Velocidad de Obturación. La mayoría de las cámaras permiten ajustes de compensación de la exposición de hasta tres o más pasos de luz en incrementos de 1/3 de paso o un paso. Algunas cámaras permiten hasta cinco o más pasos de compensación de la exposición.

Nota: Cuando se dispara en modo Manual, la compensación de la exposición no está disponible; para aclarar u oscurecer la exposición general, solo tienes que cambiar la apertura, la velocidad de obturación o la ISO.

ÁREA DE ENFOQUE Y MODOS DE ENFOQUE

El área de enfoque se refiere a la parte de la escena que le indicas a la cámara que utilice para determinar el enfoque. Las cámaras utilizan puntos de enfoque, individuales o agrupados en distintos tamaños para permitirte elegir la zona crítica de la imagen que deseas enfocar.

El modo de enfoque es el método que utiliza la cámara para enfocar. Estos son los principales modos de enfoque:

Enfoque automático de disparo único: *El modo más utilizado en la mayoría de las situaciones.* La cámara enfoca hasta que se consigue el enfoque, entonces el enfoque se bloquea y no vuelve a cambiar hasta que se toma la foto o se deja de presionar el disparador. Funciona mejor con sujetos inmóviles.

Enfoque automático continuo: La cámara sigue enfocando hasta el momento de tomar la foto. Funciona mejor con sujetos en movimiento. (A éste también se le conoce como modo "Servo").

Enfoque manual: Se gira el anillo de enfoque del objetivo para enfocar. Se recomienda utilizarlo cuando los modos de enfoque automático no enfocan en el área exacta que deseas.

MODOS DE DISPARO/ACCIONAMIENTO

El modo de disparo/accionamiento determina cómo captura la cámara las fotografías cuando se pulsa el disparador:

Disparo único: *El método más utilizado para la mayoría de las situaciones.* La cámara toma una sola imagen cada vez que se pulsa el disparador hasta el fondo.

Disparo continuo: La cámara sigue tomando fotos mientras se pulsa el disparador hasta el fondo (y hay suficiente memoria en el búfer y en la tarjeta de memoria).

Disparador automático (temporizador): La cámara toma una foto una vez transcurrido un tiempo predeterminado desde que se pulsa el disparador hasta el fondo. Muchas cámaras ofrecen temporizadores de 2 y 10 segundos.

Bulb: El obturador permanecerá abierto mientras se mantenga pulsado el disparador. En algunas cámaras se puede pulsar el disparador una vez para iniciar la exposición y una segunda vez para finalizarla. Normalmente también se puede controlar el disparador a través de un cable o mediante Wi-Fi y una aplicación.

BALANCE DE BLANCOS

El balance de blancos (BB) ayuda a reproducir los colores con precisión utilizando el perfil correcto para la luz de la escena. Selecciona el balance de blancos en función del tipo de luz que ilumina la escena y los colores serán más precisos y reales. El ajuste de **balance de blancos automático** es el mejor punto de partida. Si estás fotografiando bajo una iluminación mixta, utiliza el ajuste BB personalizado de la cámara para obtener los mejores resultados.

AVISO DE ALTAS LUCES

Cuando se revisa una imagen en la pantalla LCD, las áreas que son de color blanco puro—tan brillantes que están "quemadas" y no contienen ningún detalle—pueden parpadear para que el fotógrafo sepa al instante que esas áreas no contienen más datos de imagen que el blanco puro. Si deseas recuperar el detalle en esa zona, puedes utilizar la función de compensación de la exposición para reducir la exposición.

REDUCCIÓN DE RUIDO

El ruido digital puede aparecer cuando se utiliza una sensibilidad ISO muy alta o se deja el obturador abierto durante mucho tiempo. Utiliza la **Reducción de ruido ISO alta** y la **Reducción de ruido de larga exposición** para minimizar el ruido en tus imágenes, pero ten en cuenta que las funciones de reducción de ruido pueden provocar cierta pérdida de nitidez en la imagen y que la cámara puede tardar más tiempo en procesar cada foto.

RAW FORMATOS DE ARCHIVO Y TAMAÑOS DE ARCHIVO

Formatos de archivo

Las cámaras permiten guardar el archivo de imagen como archivo RAW o como archivo JPEG (algunas cámaras permiten guardar ambos a la vez).

Archivo RAW: Este archivo contiene todos los datos de imagen del sensor. El archivo RAW necesitará ser procesado antes de poder ser utilizado. Si deseas editar la imagen más tarde, este archivo contendrá todos los datos posibles, por lo que puede ser una mejor opción. Disparar en RAW requiere postprocesado, pero ofrece la mayor cantidad de información y control sobre la imagen.

Archivo JPEG: Un JPEG se puede utilizar inmediatamente pero no se guardan todos los datos de la imagen, por lo que editarlo más tarde podría ser problemático. También es un archivo más pequeño que el RAW, por lo que se pueden guardar más imágenes en una tarjeta de memoria. Un archivo JPEG a menudo se ve mejor que un archivo RAW directamente de la cámara porque la cámara ha procesado la imagen; sin embargo, se pierde mucha información y control.

En resumen, si quieres una obtener una buena imagen nada más al salir de tu cámara, dispara en JPEG. Si quieres el máximo control de la imagen para su posterior procesamiento, dispara en RAW.

Tamaños de archivo

Las opciones de tamaño incluyen pequeño, mediano y grande, junto con una opción de compresión normal o fina para cada uno. Normal es de buena calidad, mientras que fina es de una calidad superior.

CONTROLES DE IMAGEN/ESTILOS/SIMULACIONES DE PELÍCULA

Estos ajustes (cuyos nombres varían en función de la marca de la cámara) ofrecen distintas "apariencias" que la cámara aplicará a la imagen, desde simular el aspecto de las películas clásicas hasta opciones como Retrato, Paisaje y Blanco y negro/Monocromo, que optimizan la imagen para obtener los colores típicos, nitidez deseada, niveles de contraste, etc., en diferentes situaciones.

ESPACIOS DE COLOR

Hay dos opciones de espacio de color para elegir:

sRGB es la mejor opción cuando la foto se va a utilizar directamente desde la cámara.

AdobeRGB es la mejor opción cuando la imagen se va a editar posteriormente.

Nota: A los archivos RAW se les puede cambiar su espacio de color después durante su procesamiento.

ESTABILIZADOR DE IMAGEN/REDUCCIÓN DE VIBRACIONES

Ya sea en tu cámara o en tu objetivo (o en ambos) es posible que tengas la opción de activar la función de estabilización de imagen. Activa esta función cuando sostengas la cámara con la mano para ayudar a garantizar una imagen nítida, especialmente al disparar con velocidades de obturación lentas (como 1/30" o inferiores).

Nota: Al disparar sobre un trípode, desactiva la función de estabilización de imagen, ya que puede causar desenfoque de movimiento debido a que la función "busca" el movimiento para estabilizar.

RESTABLECER LA CÁMARA

Cuando todo lo demás falla y no puedes restablecer o cambiar una determinada función, restaura los ajustes predeterminados de la configuración de fábrica para empezar de cero.

04 OBJETIVOS Y DISTANCIA FOCAL

Además de la elección de la apertura y/o la velocidad de obturación, el otro factor que influye enormemente en el aspecto de tu foto es la elección del objetivo y, más concretamente, de la distancia focal.

DISTANCIAS FOCALES

La distancia focal de un objetivo se representa en milímetros (mm) y mide la distancia desde el centro óptico del objetivo hasta el sensor de la cámara. La distancia focal determina el ángulo de visión del objetivo. Cuanto menor sea el número, mayor será el ángulo de visión.

Ultra gran angular: Objetivos con una distancia focal igual o inferior a 24mm.

Gran angular: Objetivos con una distancia focal de 24mm a 35mm.

Estándar: Objetivos con una distancia focal de 35mm a 70mm.

Teleobjetivo: Objetivos con una distancia focal entre 70mm y 300mm.

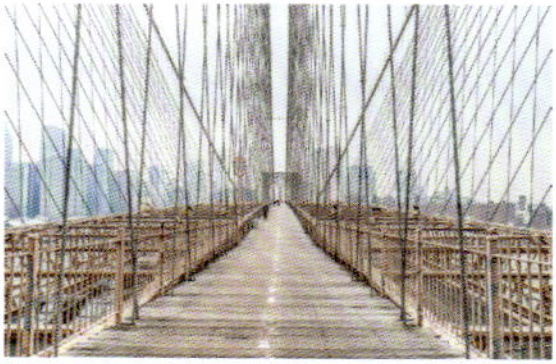

24mm

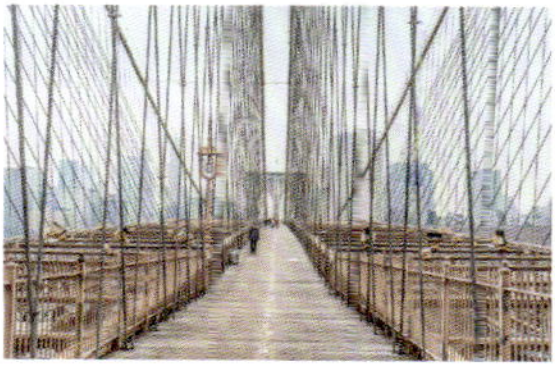

40mm

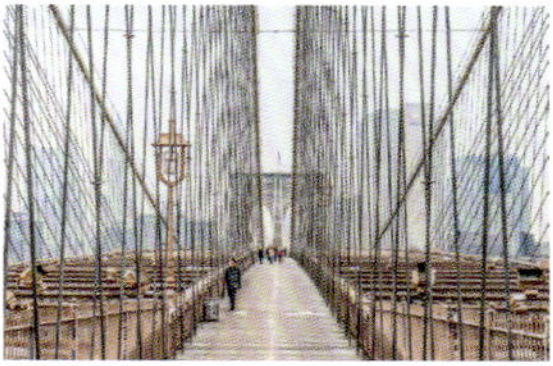

75mm

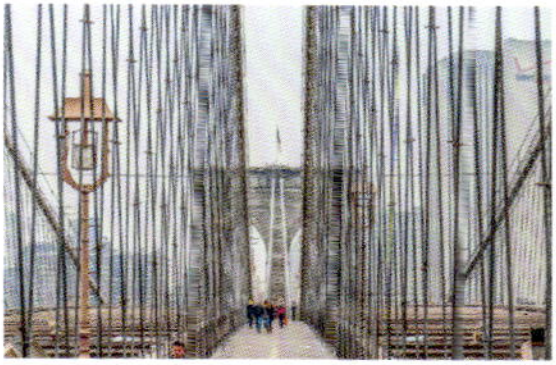

120mm

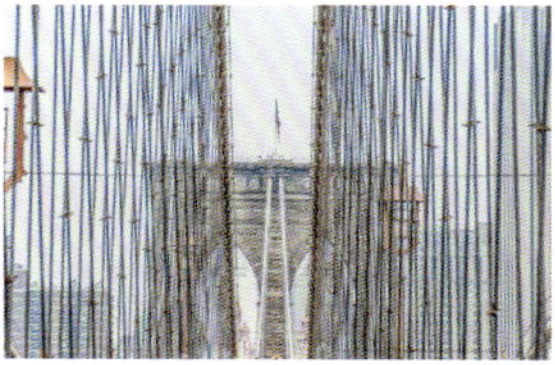

200mm

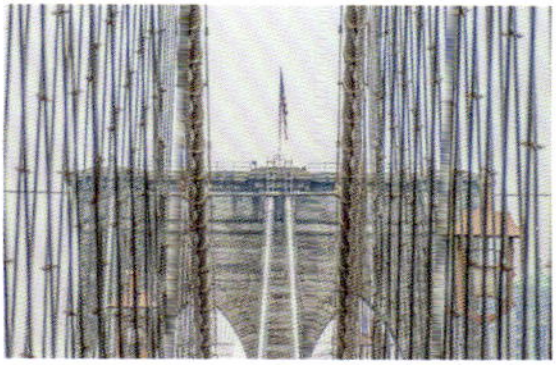

300mm

Super teleobjetivo: Objetivos con una distancia focal superior a 300mm.

Los objetivos de distancia focal fija tienen una única distancia focal no ajustable (por ejemplo, un objetivo de 50mm), mientras que los objetivos zoom cubren una gama de distancias focales (por ejemplo, un objetivo de 70-200mm).

La elección del objetivo depende del tema y de cómo quieras capturarlo. No se trata de una regla rígida ni mucho menos, pero la fotografía de paisajes se suele capturar con objetivos ultra gran angular y gran angular, mientras que los retratos se suelen capturar con objetivos estándar y teleobjetivos. La elección de la distancia focal puede tener un efecto dramático en la forma en que el sujeto se representa en una fotografía. Consulta la sección "Compresión del objetivo y distorsión" en la página 22.

OBJETIVOS DE APERTURA CONSTANTE Y OBJETIVOS DE APERTURA VARIABLE

Los objetivos de apertura constante tienen la misma apertura máxima independientemente de la distancia focal utilizada. Por ejemplo, un objetivo de apertura constante puede ser "70-200mm f/2.8".

Los objetivos de apertura variable son objetivos zoom que tienen una apertura máxima diferente en función de la distancia focal utilizada. Estos objetivos se representan mostrando el rango de distancia focal, seguido del rango de apertura máxima, como "55-250mm f/4-5.6". A medida que el objetivo se acerca, la apertura máxima se reduce automáticamente, lo que cambiará la profundidad de campo y la exposición.

COMPRESIÓN DEL OBJETIVO Y DISTORSIÓN

Al igual que las herramientas de exposición (apertura, velocidad de obturación e ISO) que tienen una finalidad técnica y un efecto creativo, la distancia focal se comporta de forma similar. La elección del objetivo y de la distancia focal puede influir en gran medida no sólo en el aspecto del sujeto, sino también en su relación con el fondo y el primer plano.

Un objetivo gran angular abarca una mayor parte de la escena, y también "extiende" los elementos de la escena para que parezcan más separados. También tiene el efecto de distorsionar los sujetos que están muy cerca de la cámara. Los objetivos gran angular suelen ser buenos para la fotografía de paisajes, pero no suelen ser una buena elección para la fotografía de retratos.

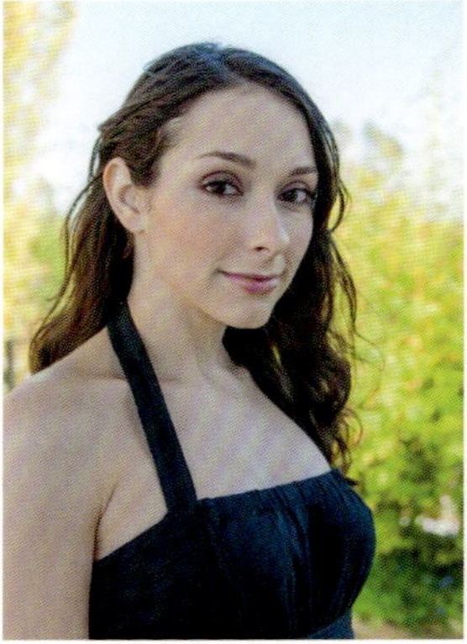

24mm (gran angular)

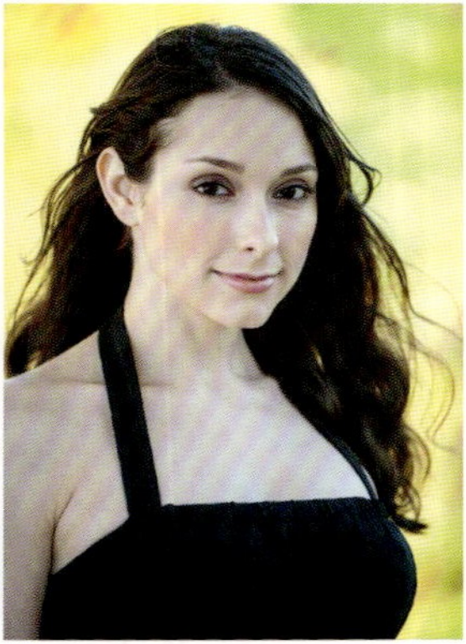

200mm (teleobjetivo)

En cambio, un teleobjetivo comprime la escena y hace que parezca que el fondo está mucho más cerca del sujeto. Esta cualidad de "compresión" también se considera muy favorecedora para la fotografía de retrato.

Puedes utilizar distancias focales más largas (85mm o más) para aislar al sujeto de su entorno y, sobre todo si lo combinas con una profundidad de campo reducida (mediante una apertura grande, como f/2.8), el fondo se difuminará y el sujeto destacará.

DISTANCIA FOCAL, MOVIMIENTO DE LA CÁMARA Y VELOCIDAD DE OBTURACIÓN

Cuanto mayor sea la distancia focal, más rápida debe ser la velocidad de obturación para evitar que la cámara se mueva y la imagen aparezca borrosa o desenfocada. La norma general es que la velocidad de obturación debe ser igual a 1/distancia focal. Por ejemplo, un objetivo de 200mm requiere una velocidad de obturación mínima de 1/200".

Nota: Si sujetas la cámara con la mano, recuerda activar la función del estabilizador de imagen/reducción de vibraciones, si es posible.

05 TÉCNICAS AVANZADAS DE DISPARO

ISO AUTOMÁTICA

La función ISO automática permite que la cámara ajuste automáticamente la sensibilidad ISO entre un conjunto de valores predeterminados (como ISO 100-6400) para ayudarle a conseguir la exposición adecuada. También establece una velocidad de obturación mínima para que la cámara la utilice. Cuando se dispara en el modo de Prioridad Apertura, esto le permite seleccionar la apertura que deseas y, a continuación, la cámara seleccionará la velocidad de obturación y ajustará la ISO para que la exposición sea correcta y la velocidad de obturación no baje tanto que se obtenga una imagen borrosa.

ENFOQUE CON BOTÓN TRASERO

Por defecto, la cámara empieza a enfocar cuando se pulsa el disparador hasta la mitad. Esto vincula la operación de enfoque a la toma de la fotografía. Pero en muchas cámaras, estas funciones se pueden separar al asignar la operación de enfoque a un botón diferente, como a uno de los botones traseros de la cámara. Esto permite iniciar y detener el enfoque de forma independiente a la toma de la fotografía.

Los fotógrafos deportivos suelen utilizar el botón de enfoque trasero cuando necesitan parar y empezar a enfocar mientras los jugadores y los oficiales corren por el encuadre, pero muchos fotógrafos prefieren usar esta configuración para todas sus fotografías.

ENFOQUE Y COMPOSICIÓN

Existen dos métodos principales para conseguir un enfoque nítido cuando se utiliza el enfoque automático con un único punto de enfoque:

Enfoque y recomposición: *El método más común.* Al fotografiar la mayoría de los sujetos inmóviles con el enfoque automático de disparo único, puedes colocar el punto de enfoque único sobre el sujeto, lograr el enfoque (pulsando y manteniendo pulsado el botón del obturador hasta la mitad o utilizando el método de enfoque con el botón trasero) y a continuación, recomponer la imagen y tomar la fotografía.

Mover el punto de enfoque: Muchas cámaras disponen ahora de un gran número de puntos de enfoque que cubren la mayor parte del encuadre, lo que te permite componer primero la escena, luego mover el punto de enfoque para que esté directamente sobre la zona más crítica de la imagen (como el ojo de un sujeto en un retrato) y, a continuación, tomar la foto.

HORQUILLADO DE EXPOSICIÓN/ FOTOGRAFÍA HDR

El horquillado es una técnica que consiste en tomar una serie de imágenes con una diferencia de exposición determinada (por ejemplo, uno o dos pasos) entre cada foto. Esto permite capturar todos los datos fotográficos disponibles en una escena—incluidos los detalles de las luces y las sombras—y luego combinarlos (a veces en la cámara, pero sobre todo en programas como Adobe Lightroom) para crear una imagen de alto rango dinámico (HDR).

USO DEL HISTOGRAMA

Un histograma es una representación gráfica que muestra la distribución de los tonos de la imagen. El lado izquierdo del histograma representa las sombras y las zonas oscuras, mientras que el lado derecho representa las zonas claras y brillantes. Cualquier dato que sea negro puro (a la izquierda del gráfico) o blanco puro (a la derecha del gráfico) suele ser no deseado. Puedes utilizar el histograma como guía para ayudarte a calibrar tu exposición.

Algunos fotógrafos también utilizan el histograma al disparar para emplear una técnica llamada "exponer a la derecha"

(ETTR), en la que se expone la imagen para empujar los picos en el histograma lo más cerca posible del borde derecho sin llegar al borde derecho. Después puedes ajustar la exposición con el software de postprocesado para ajustar las zonas brillantes. Esto te ayuda a crear un archivo RAW robusto y lograr el más amplio rango dinámico de la imagen.

06 CONSEJOS DE COMPOSICIÓN

REGLA DE LOS TERCIOS

Divide la escena con dos líneas verticales y dos líneas horizontales igualmente espaciadas y, a continuación, coloca el sujeto donde se crucen las líneas. Muchas cámaras permiten superponer una cuadrícula de regla de los tercios en el visor o la pantalla LCD. Para la fotografía de paisajes, prueba a colocar la línea del horizonte en el tercio superior o inferior del encuadre (una de las líneas horizontales de la "regla de los tercios"). Para retratos, prueba a alinear los ojos con el tercio superior del encuadre.

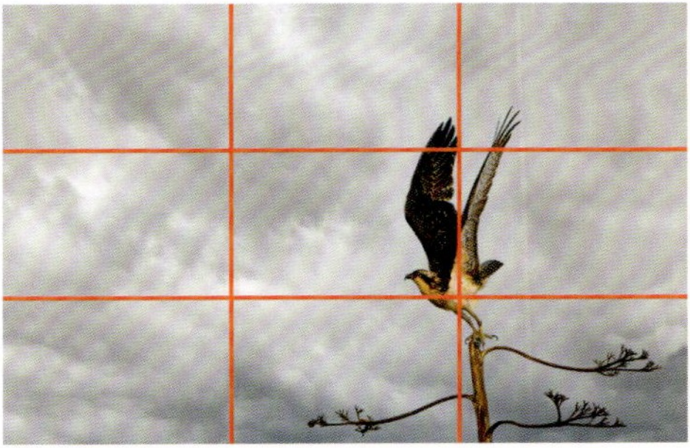

Nota: Por supuesto, ¡todas las reglas se hicieron para romperse! A veces, una gran fotografía muestra al sujeto en el centro del encuadre (lo que se conoce como "ojo de buey"). La regla de los tercios no es tanto una "regla" como una guía. Recuerda: tú decides dónde va el sujeto en tu encuadre.

LLENAR EL ENCUADRE

Acércate y haz que el sujeto ocupe una parte importante del encuadre.

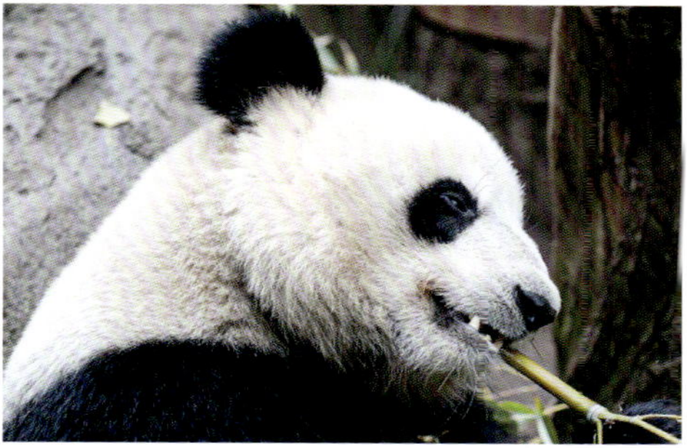

ESPACIO NEGATIVO

Aunque debes "llenar el encuadre" (véase la página anterior) para que quede claro cuál es tu sujeto, también puedes equilibrar el encuadre dejando algo de espacio para que el sujeto "respire" en tu foto. Un ejemplo práctico: Si el sujeto se mueve o mira en una dirección determinada, deja espacio delante de él en tu composición.

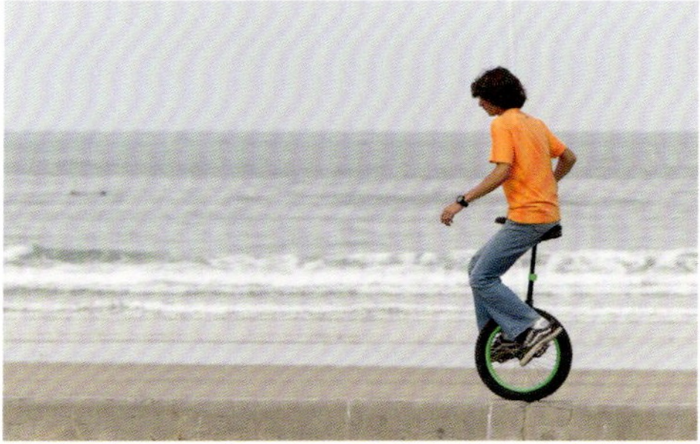

LÍNEAS DE FUGA

Busca líneas que aparezcan de forma natural en la escena y utilízalas para dirigir la mirada del espectador hacia el sujeto. Las líneas de dirección pueden ser líneas reales (como una carretera) o implícitas (como una hilera de árboles).

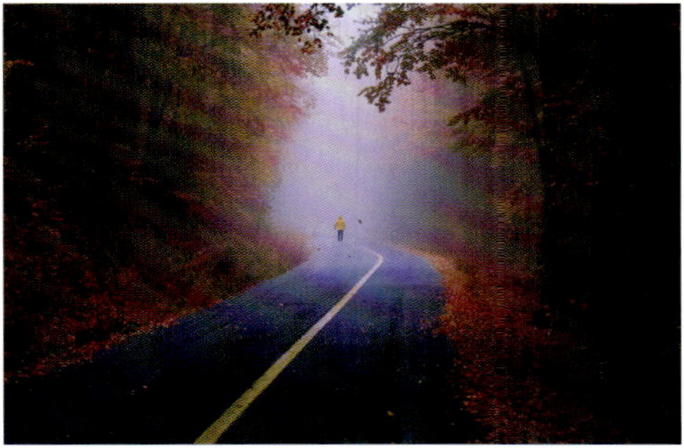

PATRONES Y REPETICIÓN

Los motivos atraen la mirada en una fotografía, y la repetición del elemento, la forma o el color puede crear una simetría agradable. También puedes interrumpir deliberadamente ese patrón para crear aún más impacto.

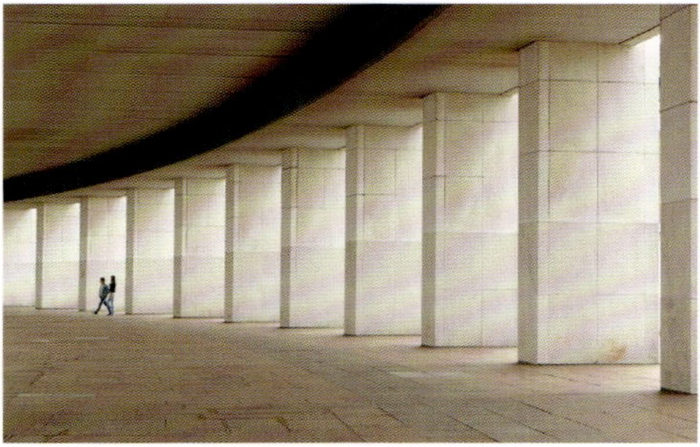

MARCO DENTRO DE UN MARCO

Utiliza un elemento visual de la escena, como una ventana una puerta o un arco, para enmarcar al sujeto. Asegúrate de que el marco esté libre de distracciones y no tenga ningún elemento que pueda desviar la mirada fuera del encuadre.

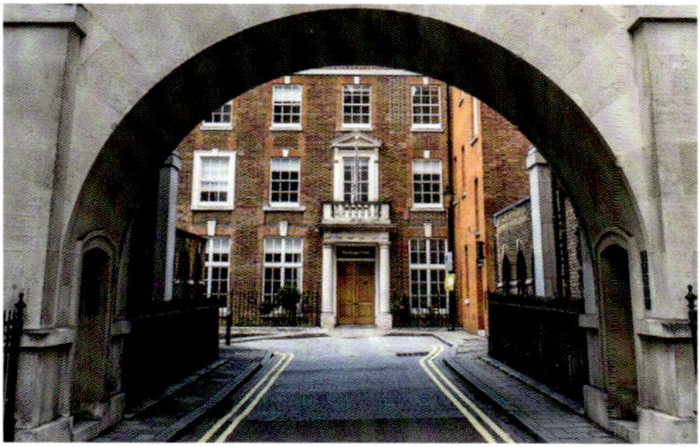

PERSPECTIVA

La colocación de la cámara en relación con el sujeto puede cambiar drásticamente la forma en que se ve la foto. Colócate en un nivel bajo o en uno alto para cambiar la relación del sujeto con el fondo. Prueba diferentes posiciones de disparo. No te limites a disparar a la altura de tus ojos.

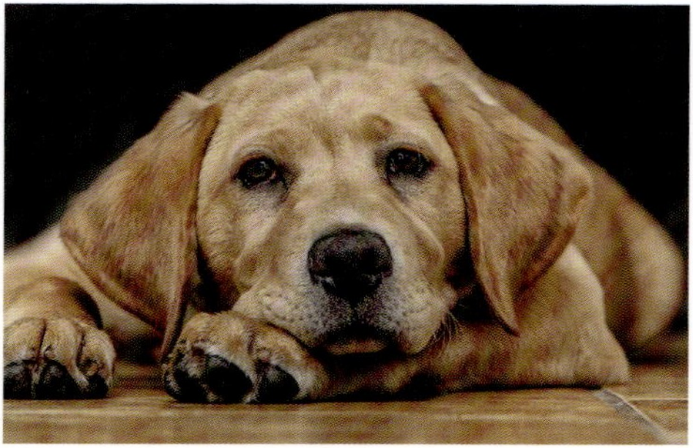

COLOR

Utiliza el color para captar la atención del espectador. También puedes buscar situaciones con colores complementarios, como el amarillo y el azul, o el rojo y el verde. Pregúntate si el propio color es el tema de la imagen. Por ejemplo, en la foto de abajo, ¿tendrían la pared azul y la jardinera amarilla el mismo impacto si no fueran tan coloridas?

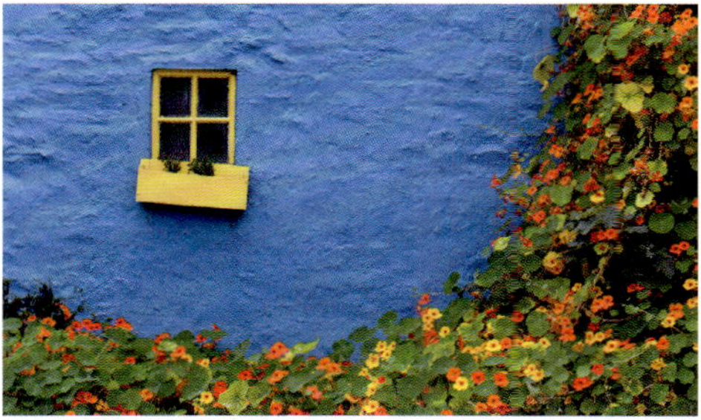

BLANCO Y NEGRO

Cuando el tema de tu foto tenga mucha textura o la escena contenga elementos gráficos fuertes, prueba con el blanco y negro para conseguir una impresión poderosa. A veces, una foto puede ganar fuerza eliminando el color.

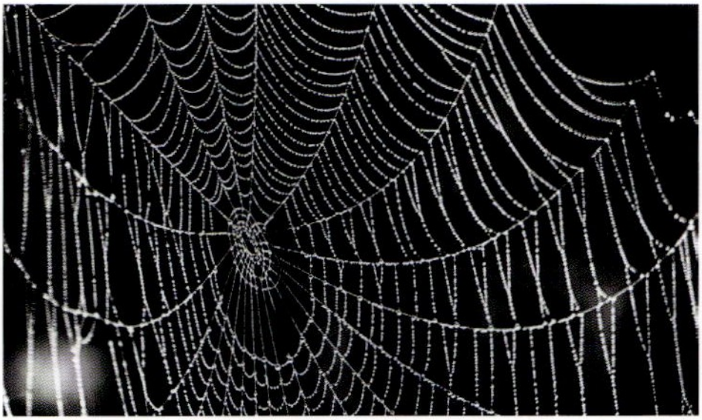

VIGILA EL FONDO

Evita los elementos del fondo que puedan desviar la atención del sujeto o interactuar negativamente con él. El ejemplo clásico es un elemento de distracción en el fondo (como la rama de un árbol que emerge de la cabeza del sujeto).

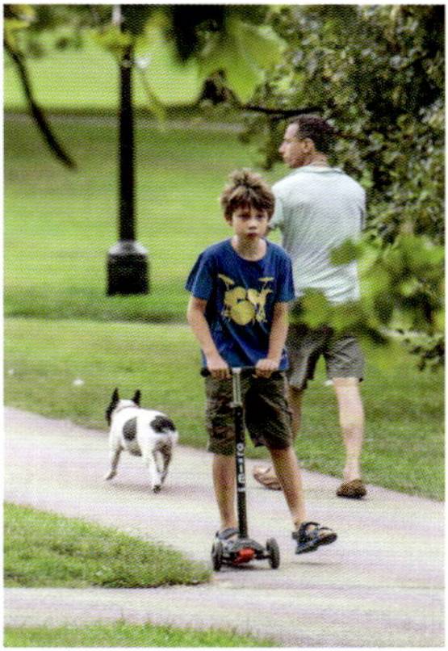

Mal fondo

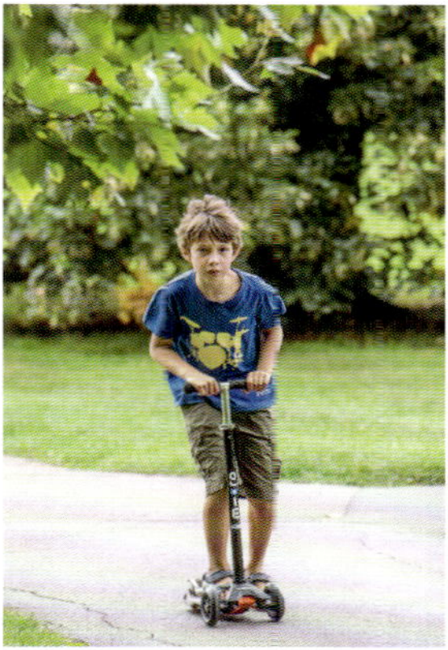

Fondo limpio

SIMPLIFICA

Las mejores composiciones suelen ser sencillas. Busca distintas formas de componer tu imagen utilizando todas las herramientas a tu disposición, incluida la perspectiva, la elección de la distancia focal, la profundidad de campo y la velocidad de obturación.

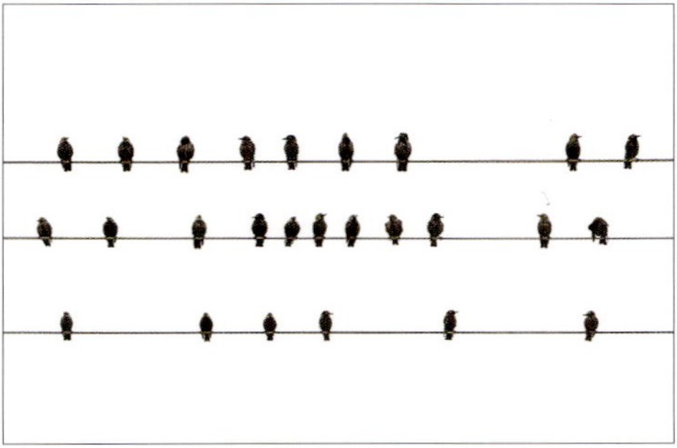

BUSCA UNA BUENA LUZ

Puede parecer obvio, pero una buena luz marca una gran diferencia en las fotos. Presta atención a la luz. Cuando la luz es maravillosa, las posibilidades de conseguir una buena foto mejoran de manera automática.

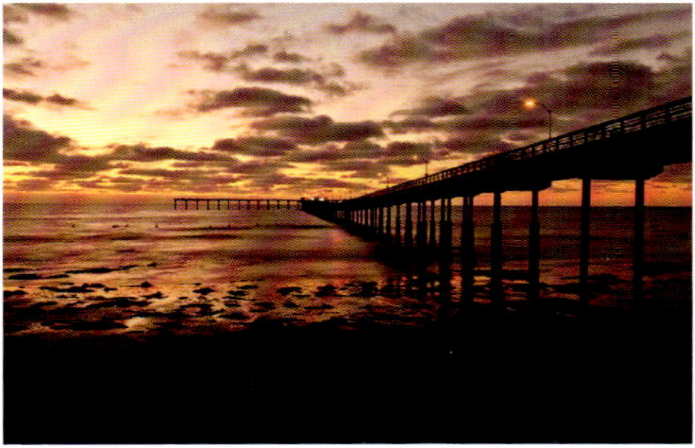

07 ESCENARIOS FOTOGRÁFICOS TÍPICOS

ESCENARIO FOTOGRÁFICO
RETRATO

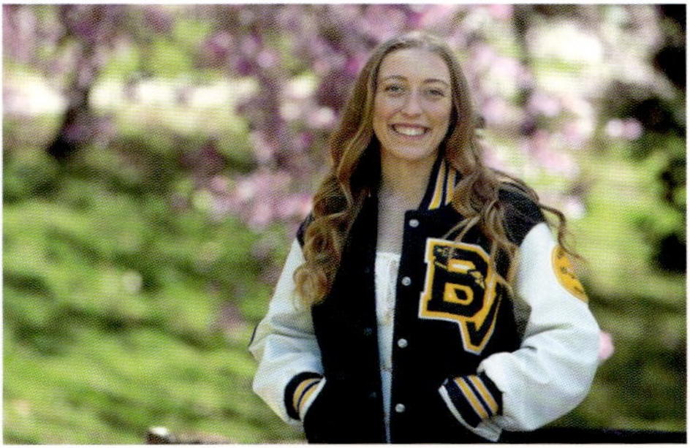

PRINCIPIOS CLAVE

- La clave para un retrato como éste es la poca profundidad de campo. Por lo tanto, dispara en modo **PRIORIDAD APERTURA** y empieza con la apertura más baja que ofrezca tu objetivo (como **f/2.8 o f/4**).
- Recuerda **centrarte en los ojos**.
- Si la imagen es demasiado oscura o demasiado clara, utiliza la **COMPENSACIÓN DE LA EXPOSICIÓN** para ajustar el nivel de brillo.
- Si la imagen se ve borrosa a causa de una velocidad de obturación lenta, **sube la ISO** para aumentar la sensibilidad del sensor a la luz y permitir así una velocidad de obturación más rápida.
- Recuerda utilizar una **distancia focal de 50mm o superior** para no distorsionar el rostro del sujeto.

ESCENARIO FOTOGRÁFICO
RETRATO GRUPAL

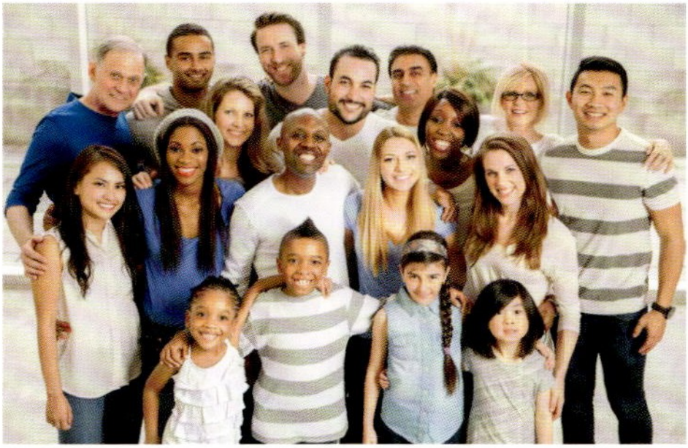

PRINCIPIOS CLAVE

- Para que todo el mundo esté enfocado, necesitas una gran profundidad de campo. Por lo tanto, dispara en modo **PRIORIDAD APERTURA** y ajusta el diafragma entre **f/8-f/16**.
- **Enfoca a la persona situada en el centro del grupo.** Si es posible, comprueba el enfoque haciendo zoom en el monitor LCD para ver al 100% y comprueba los rostros de las filas delantera y trasera. Si alguien está desenfocado, utiliza una apertura más pequeña para obtener una mayor profundidad de campo.

- Utiliza el modo **EVALUATIVO/MATRICIAL** para tomar en cuenta la luz en toda la escena.
- **Coloca al grupo de forma que todos puedan verte** (y tú a ellos).
- Utiliza la **COMPENSACIÓN DE LA EXPOSICIÓN** si la imagen es demasiado clara o demasiado oscura.
- Si la imagen está borrosa, **sube la ISO** para que la cámara pueda utilizar una velocidad de obturación más rápida.

ESCENARIO FOTOGRÁFICO
PAISAJE

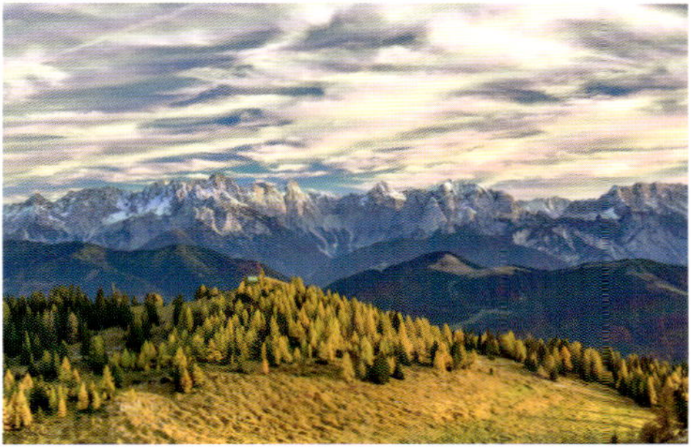

PRINCIPIOS CLAVE

- Dispara en modo **PRIORIDAD APERTURA** para controlar la profundidad de campo y empieza con f/16 para garantizar una gran profundidad de campo.
- **Utiliza un trípode** para eliminar el movimiento de la cámara. Siempre que la cámara esté sobre un trípode, asegúrate también de que el objetivo o el **ESTABILIZADOR DE IMAGEN/REDUCCIÓN DE VIBRACIONES** de la cámara estén APAGADOS, a menos que exista un modo de trípode específico.
- Utiliza el modo **EVALUATIVO/MATRICIAL** y el modo de **ENFOQUE AUTOMÁTICO DE DISPARO ÚNICO**.
- **Ajusta la ISO a un valor bajo (100-200)** para evitar el ruido digital.
- Dispara en **RAW** para disponer de la máxima información en la edición posterior.
- Considera la posibilidad de hacer un **HORQUILLADO** de tus exposiciones.

CONGELAR MOVIMIENTO

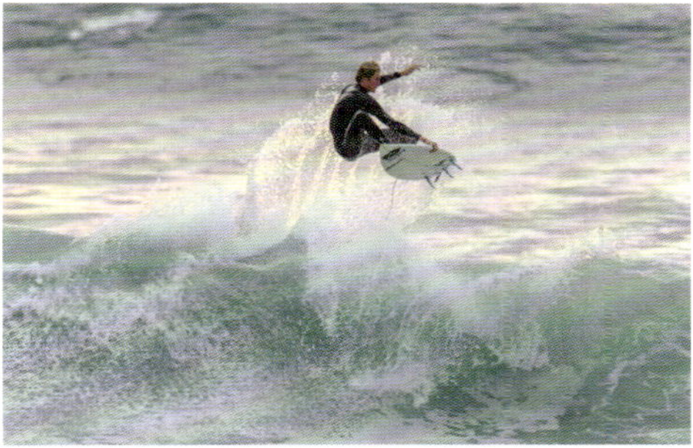

PRINCIPIOS CLAVE

- Utiliza el modo **PRIORIDAD VELOCIDAD DE OBTURACIÓN** y ajusta la velocidad de obturación a un valor que congele la acción. La velocidad de obturación adecuada depende del sujeto y de su movimiento, pero puede oscilar entre **1/500"-1/4000"**.
- Utiliza el modo **ENFOQUE AUTOMÁTICO CONTINUO** para que la cámara siga enfocando mientras el sujeto se mueve.
- Si la imagen es oscura o borrosa, **aumenta el ISO o prueba con ISO AUTOMÁTICO** para que la cámara ajuste automáticamente el ISO según sea necesario.

ESCENARIO FOTOGRÁFICO
SUJETOS EN MOVIMIENTO–PANORÁMICAS

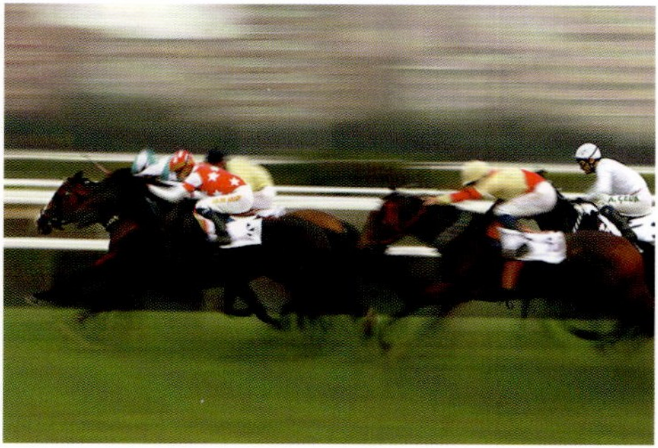

PRINCIPIOS CLAVE

- Dispara en modo **PRIORIDAD VELOCIDAD DE OBTURACIÓN** y utiliza una velocidad de obturación lo suficientemente lenta como para permitir que el sujeto se mueva durante la exposición.
- **Sigue al sujeto** por el encuadre mientras dispara.
- Si tu cámara dispone de modo **PREVISUALIZACIÓN EN VIVO (LIVE VIEW)**, utilízalo para que puedas ver al sujeto durante la exposición.

- Utiliza el modo de **ENFOQUE AUTOMÁTICO CONTINUO** y mantén el punto de enfoque en el sujeto mientras el sujeto y la cámara se mueven.

ESCENARIO FOTOGRÁFICO

CONDICIONES DE BAJA LUMINOSIDAD

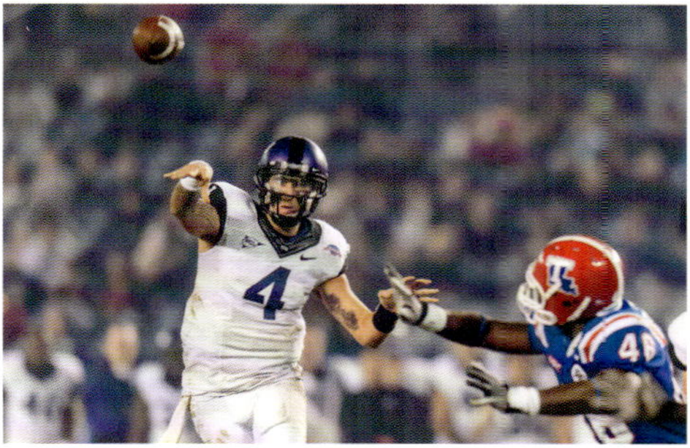

PRINCIPIOS CLAVE

- Dispara en modo **PRIORIDAD APERTURA** y utiliza un diafragma amplio **como f/2.8 o f/4**.
- Utiliza la medición **PUNTUAL** y mide en el rostro del sujeto.
- Utiliza el **ENFOQUE AUTOMÁTICO CONTINUO** y un **único punto de enfoque automático**.

- **Ajusta el ISO a 1600 o a un valor más alto**, dependiendo de la cantidad de luz disponible.
- Si la imagen aparece borrosa, **aumenta el ISO** para permitir una mayor velocidad de obturación.

ESCENARIO FOTOGRÁFICO
LARGA EXPOSICIÓN

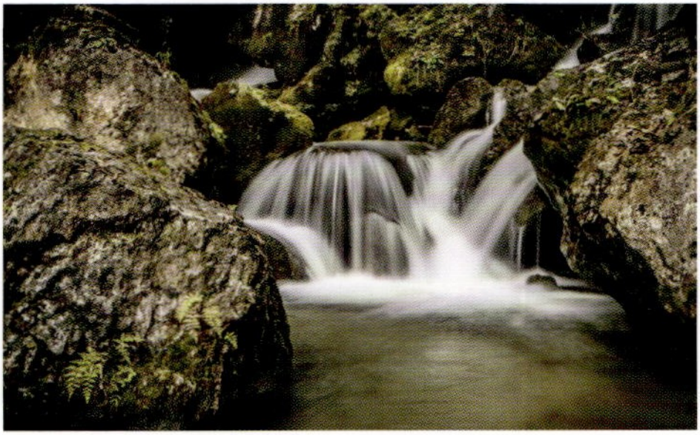

PRINCIPIOS CLAVE

- Utiliza la función **BULB** de tu cámara para permitir exposiciones largas.
- Utiliza un trípode para mantener la cámara estable. Desactiva cualquier función del **ESTABILIZADOR DE IMAGEN/ REDUCCIÓN DE VIBRACIONES** de tu cámara u objetivo.

- Utiliza el modo de **ENFOQUE AUTOMÁTICO DE DISPARO ÚNICO**, o prueba el enfoque manual si la cámara tiene dificultades para enfocar.
- **Utiliza un ISO bajo (100-400)** y dispara en **RAW** para garantizar un archivo de alta calidad.
- Considera la posibilidad de utilizar un **disparador remoto** (ya sea un cable, un disparador inalámbrico o una aplicación) para disparar la cámara sin tocarla.

ESCENARIO FOTOGRÁFICO
MACRO/PRIMER PLANO

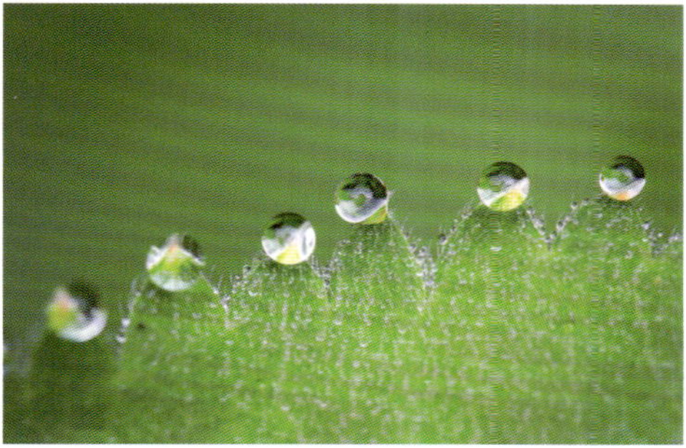

PRINCIPIOS CLAVE

- Dispara en modo **PRIORIDAD APERTURA** y utiliza una apertura pequeña para asegurarte de conseguir suficiente profundidad de campo. Cuando la cámara está tan cerca del sujeto, la profundidad de campo puede ser extremadamente superficial, por lo que una apertura pequeña ayuda en este caso. (Esta imagen se tomó a f/13.)
- Utiliza el modo **EVALUATIVO/MATRICIAL** para analizar la luz en todo el encuadre.
- **Utiliza un trípode** para mantener la cámara estable. Desactiva cualquier función del **ESTABILIZADOR DE IMAGEN/ REDUCCIÓN DE VIBRACIONES** de tu cámara u objetivo.
- Prueba **enfocar manualmente** y haz zoom para confirmar que el enfoque es nítido.
- Prueba utilizar un **objetivo macro específico o filtros de primer plano** para asegurarte de que consigues un enfoque nítido cuando estás tan cerca del sujeto.

CAMERA BODY BACK

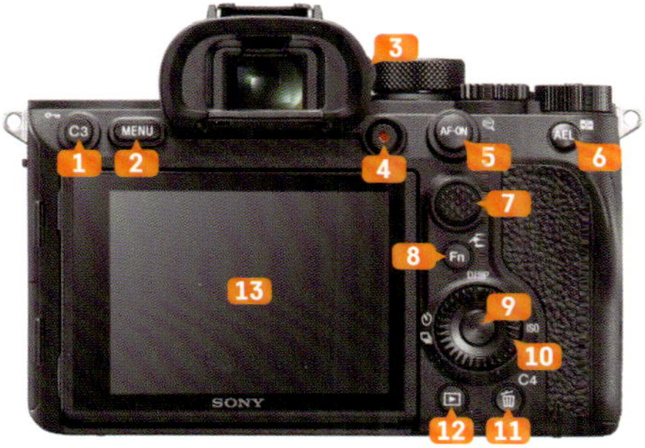

1. C3/Protect Button: Assignable Custom button 3 / Press to protect current image on the LCD from deletion during playback.

2. MENU Button: Opens and closes the menu system.

3. Diopter Adjustment Dial: Use to adjust the viewfinder display for differing eyesight.

4. Movie Button: Starts movie recording.

5. AF-On/Enlarge Button: Turns AF on during shooting / Zooms in during Playback mode.

6. AEL/Image Index Button: Auto Exposure Lock (AEL) during shooting / Index view during Playback mode.

7. Multi-Selector: Use to navigate menus, camera options, etc.

8. Fn/Send to Smartphone Button: Assignable Function (Fn) button during shooting / Send current image to smartphone in Playback mode.

9. Control Wheel Center Button: Use to confirm or set the selection made when using the Control Wheel.

10. Control Wheel: Used to assign different functions to the camera.

11. **C4/Trash Button:** Assignable button during shooting / Delete current image on LCD during playback.
12. **Playback Button:** Shows last image taken on LCD.
13. **Monitor:** Use to preview image and for touch control. Monitor position is adjustable.

CAMERA BODY FRONT

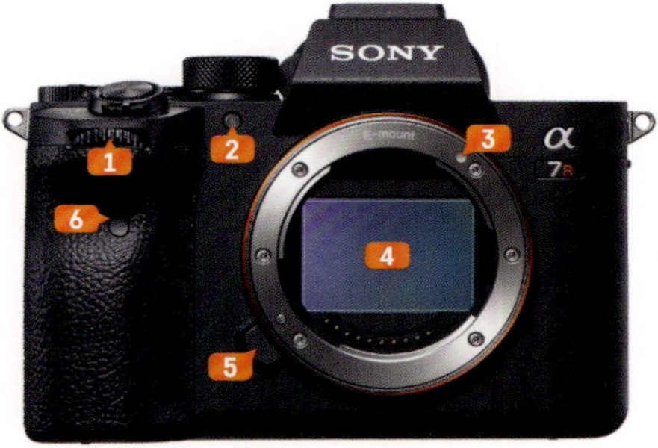

1. **Front Dial:** Use to adjust or select settings.
2. **AF Illuminator/Self-Timer Lamp:** Used to help the AF in low light / Blinks when self-timer is active.
3. **Lens Mounting Index:** Shows where the lens lines up to be mounted to the camera body.
4. **Image Sensor:** Records the image.
5. **Lens Release Button:** Press to release the lens from the camera body.
6. **Infrared Remote Sensor:** The sensor used to communicate with a remote.

03 ESSENTIAL MODES AND SETTINGS

SHOOTING MODES

Press and hold the button in the middle of the Mode dial, then turn the Mode dial to select the Shooting mode.

iAuto (Intelligent Auto): Automatically selects the camera settings based on scene recognition.

P (Program Auto): The camera sets the shutter speed and aperture based on metering info and the current ISO.

A (Aperture Priority): You set the aperture, and the camera sets the shutter speed based on metering info and the current ISO. The range of apertures depends on the lens.

S (Shutter Speed Priority): You set the shutter speed, and the camera sets the aperture based on metering info and the current ISO.

M (Manual Exposure): You set both the shutter speed and aperture to create the desired exposure.

1/2/3 (Memory Recall): Allows you to shoot after recalling often-used modes or pre-registered settings.

Movie Icon: Allows you to change the movie recording exposure.

S&Q (S&Q Motion): Allows you to record slow-motion (S) and quick-motion (Q) movies.

METERING MODES

MENU > Camera Settings 1 > Metering Mode

Multi: Divides the scene into multiple areas, then reads the light in each area and tries to determine proper exposure.

Note: When shooting in iAuto Shooting mode, the Metering mode is locked to Multi.

Center: Uses information from the whole frame but gives the items in the center more emphasis.

Spot: Measures only the small center area. The size of the spot can be adjusted, as well as the spot placement itself.

Entire Screen Average: Measures the average brightness of the entire screen.

Highlight: Measures brightness while emphasizing the highlighted areas. Best used when trying to avoid overexposing the scene.

EXPOSURE COMPENSATION

Press the Exposure Compensation Dial Lock/Unlock button, then turn the Exposure Compensation dial to adjust the metered exposure from –3 (darker) to +3 (lighter) stops. You can also use MENU > Camera Settings 1 > Exposure Compensation, which allows you to adjust the exposure from –5 (darker) to +5 (lighter) stops.

Note: When using iAuto Shooting mode, you cannot use exposure compensation. When in Manual Exposure mode, you can adjust exposure compensation only if the ISO is set to Auto ISO. When shooting movies, you can adjust exposure compensation within a range of –2 to +2 stops.

FOCUS MODES

MENU > Camera Settings 1 > Focus Mode

AF-S (Single-Shot AF): Focus starts when the Shutter Release button is pressed halfway and locks when focus is achieved. Best for stationary subjects.

AF-A (Automatic AF): Camera switches between AF-S and AF-C depending on subject movement. Focus starts when the Shutter Release button is pressed halfway, and the camera then determines if the subject is stationary or moving, and selects the AF mode accordingly.

AF-C (Continuous AF): The camera starts to focus when the Shutter Release button is pressed halfway and continues to focus until the photo is taken (and will keep focusing if continuous shooting). Best for moving subjects.

DMF (Direct Manual Focus): This allows you to make fine adjustments manually after autofocusing. This is helpful in situations where you might need to make small adjustments to the focus, such as when shooting macro images.

MF (Manual Focus): Focusing is accomplished by turning the focusing ring on the lens barrel.

FOCUS AREA

MENU > Camera Settings 1 > Focus Area

Wide: Focuses on the subject automatically using the whole frame. When you press the Shutter Release button halfway, a green frame appears around the subject in focus.

Zone: You select a zone, and the camera automatically chooses what to focus on in that zone.

Center: Focuses on the subject in the center of the frame.

Flexible Spot: Uses a small focusing area that can be moved around the frame, allowing you to specify exactly what to focus on.

Expand Flexible Spot: If the camera cannot focus on the single spot you specified, it will use the surrounding spots to help with focusing.

Tracking AF: When the Shutter Release button is pressed and held halfway down, the camera tracks the subject within the selected autofocus area. This is only available when the Focus mode is set to AF-C (Continuous AF).

DRIVE MODES

Select Drive mode on the Control Wheel and select the desired Drive mode. (You can also select MENU > Camera Settings 1 > Drive Mode.)

Single Shooting: Takes a single shot every time the Shutter Release button is pressed.

Continuous Shooting: Takes photos as long as you press the Shutter Release button.

Self-Timer: When the Shutter Release button is pressed fully, the camera waits a set time before taking photo.

Self-Timer Continuous: When the Shutter Release button is fully pressed, the camera waits a set time before taking a designated number of images.

Continuous Bracket: Takes a series of images with different exposures when the Shutter Release button is held down.

Single Bracket: Takes a series of images with different exposures one frame at a time, each time the Shutter Release button is fully pressed down.

WB Bracket: Shoots three images, each with different color tones depending on the selected settings for white balance, color temperature, and color filter.

DRO Bracket: Shoots a set of three images, each with a different degree of D-Range Optimizer.

STEADYSHOT

MENU > Camera Settings 2 > SteadyShot

Set to On or Off. It is recommended that the SteadyShot image stabilization feature be turned Off when shooting on a tripod.

WHITE BALANCE

MENU > Camera Settings 1 > White Balance

The Auto setting is best for most situations. White balance can be set to shift colors warmer or cooler, or keep them accurate. Other settings are all matched to different lighting types, such as daylight, fluorescent, etc. Match the white balance to the type of lighting used to illuminate the scene for the truest colors.

Note: White Balance is set to Auto when using iAuto mode.

FILE FORMATS

MENU > Camera Settings 1 > File Format

RAW: The RAW data from the image sensor is recorded each time a photo is taken. You can decide whether the RAW file is compressed or uncompressed (MENU > Camera Settings 1 > RAW File Type).

RAW & JPEG: The camera saves two files each time the Shutter Release button is pressed: a RAW file and a JPEG file. You can decide the size of the JPEG (Large, Medium, or Small) by selecting MENU > Camera Settings 1 > JPEG Image Size.

JPEG: The camera saves a JPEG file each time the Shutter Release button is pressed. You can decide the size of the JPEG (Large, Medium, or Small) by selecting MENU > Camera Settings 1 > JPEG Image Size.

Note: You can also select the desired Aspect Ratio for still images (either 3:2, 4:3, 16:9, or 1:1) by selecting MENU > Camera Settings 1 > Aspect Ratio.

04 OTHER HELPFUL SETTINGS

CREATIVE STYLES

MENU > Camera Settings 1 > Creative Style

This feature allows you to adjust contrast, saturation, and sharpness for each image style. There are 13 styles: **Standard, Vivid, Neutral, Clear, Deep, Light, Portrait, Landscape, Sunset, Night Scene, Autumn Leaves, Black and White, and Sepia.** You can also register your preferred setting for six styles.

Note: You cannot adjust the saturation for the Black and White or Sepia style. When shooting in iAuto mode, the Creative Style is set to Standard.

PICTURE EFFECTS

MENU > Camera Settings 1 > Picture Effect

The camera can apply the selected filter to your images. The choices are: **Off, Toy Camera, Pop Color, Posterization, Retro Photo, Soft High-Key, Partial Color, and High Contrast Mono.**

Note: When the file format is set to RAW or RAW & JPEG, this function is not available. When shooting in iAuto mode, this function is not available.

FLASH MODES

MENU > Camera Settings 1 > Flash Mode

Flash Off: The flash will not fire.

Autoflash: The flash fires when the camera thinks there is not enough light.

Fill-flash: The flash fires every time you press the Shutter Release button.

Slow Sync: The flash fires every time you press the Shutter Release button. The camera uses a slower shutter speed in order to allow the ambient light to illuminate the background.

Rear Sync: The flash fires right at the end of the long exposure, making for more natural-looking motion trails of your subject (such as a person walking or a moving vehicle).

CUSTOM WHITE BALANCE

Custom White Balance helps you get the best color when you're shooting under mixed lighting conditions.

1. Select MENU > Camera Settings 1 > White Balance > Custom 1 (or Custom 2, Custom 3).

2. Select SET, then press the Control Wheel Center button.

3. Hold the camera so the circle in the center of the screen is over the area that you want to base your white balance on, then press the Control Wheel Center button. The camera will beep, letting you know it has calibrated values for Color Temperature and Color Filter.

4. Press the Control Wheel Center button to lock in that custom white balance. That setting will remain memorized by the camera until it's overwritten with a new setting.

COLOR SPACE

MENU > Camera Settings 1 > Color Space

sRGB: Smaller color space. Best when images are used directly from camera without modification or post-processing.

Adobe RGB: Larger color space. Best used when images will be edited later with post-processing software.

NOISE REDUCTION

MENU > Camera Settings 1 > Long Exposure NR

Long Exposure Noise Reduction minimizes noise in images with long shutter speeds. It doubles the time needed to save an image to the memory card.

Note: When shooting in iAuto mode, Long Exposure Noise Reduction is automatically on. When shooting in Continuous Shooting or a Continuous Bracketing mode, Long Exposure Noise Reduction will not be activated, even if the feature is set to On.

MENU > Camera Settings 1 > High ISO NR

High ISO Noise Reduction minimizes noise in images that are created with high ISO settings. Use Normal for default, Low for less noise reduction, or Off for no noise reduction.

Note: When shooting in iAuto mode, High ISO Noise Reduction is set to Normal. When shooting in the RAW file format, this feature is unavailable.

ZEBRA STRIPES (HIGHLIGHT WARNING)

MENU > Camera Settings 2 > Zebra Setting

A zebra pattern allows you to see if a part of the image is being overexposed, which might indicate you need to adjust your exposure settings. You can choose to show the display (Zebra Display) and also adjust the brightness of the pattern (Zebra Level).

AUTO ISO

Select ISO on the Control Wheel, then select ISO AUTO.

Press the right side of the Control Wheel to set values for **ISO AUTO Maximum** (the highest ISO the camera will use) and **ISO AUTO Minimum** (the lowest ISO the camera will use). When shooting in Program Auto (P) or Aperture Priority (A) mode, you can also set the **ISO AUTO Minimum Shutter Speed** (MENU > Camera Settings 1 > ISO Setting > ISO AUTO Minimum Shutter Speed).

D-RANGE OPTIMIZER

MENU > Camera Settings 1 > DRO > D-Range Optimizer

The camera analyzes the contrast in the scene and tries to optimize the brightness and gradation of tones across the exposure. Select from **DRO Auto** (for an automatic adjustment) and **D-Range Optimizer: Lv1–Lv5**, which allows you to select optimization levels from weak (Lv1) to strong (Lv5).

BRACKETING

Exposure Bracketing: Select Drive mode on the Control Wheel, then select Cont. Bracket.

Set the desired settings (for the exposure value shift, etc.) using the right/left side of the Control Wheel. The camera will capture multiple images while automatically shifting the exposure from the base exposure to a darker image and then to a lighter image.

Note: If you'd like to capture each exposure with a separate press of the Shutter Release button, select Single Bracket instead of Cont. Bracket.

White Balance Bracketing: Select Drive mode on the Control Wheel, then select WB Bracket.

The camera will shoot a bracketed set of three images, each with different color tones according to the selected settings for white balance, color temperature, and color filter. Select Lo or Hi, which will give you small or large changes to the white balance across the series of bracketed images.

D-Range Optimizer Bracketing: Select Drive mode on the Control Wheel, then select DRO Bracket.

The camera will record a series of three images with different degrees of D-Range Optimizer values. Select Lo or Hi based on how small or large you'd like the D-Range Optimizer values to be across the series of bracketed images.

WIRELESS CONNECTION

Use the PlayMemories smartphone app to control the camera from your smartphone or to transfer images from your camera to your smartphone.

RESET CAMERA

MENU > Setup > Setting Reset

Select **Camera Settings Reset** to reset the main shooting settings to their defaults. Select **Initialize** to reset all settings to their defaults.

05 TYPICAL SHOOTING SCENARIOS

SHOOTING SCENARIO
PORTRAIT

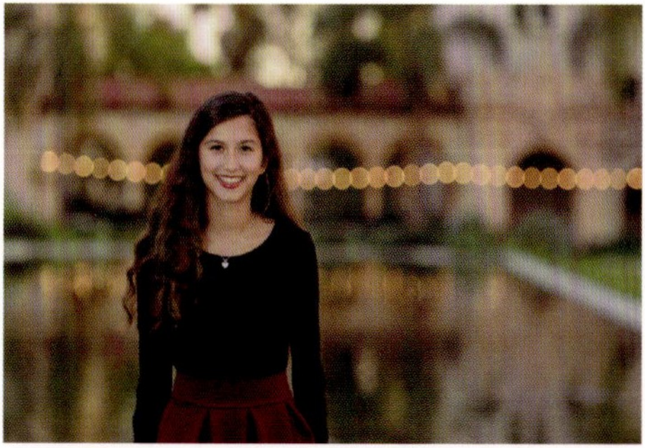

KEY PRINCIPLES

- The key to a portrait like this is shallow depth of field. So shoot in **APERTURE PRIORITY** shooting mode and start with the lowest aperture your lens offers (such as **f/2.8 or f/4**).
- Remember to **focus on the eyes**.
- If the image is too dark or too light, use **EXPOSURE COMPENSATION** to adjust the brightness level.

- If the image is blurry from a slow shutter speed, **raise the ISO** to increase your sensor's sensitivity to light, thus allowing for a faster shutter speed.
- Remember to use a **focal length of 50mm or greater** so that you don't distort your subject's face.

SHOOTING SCENARIO
GROUP PORTRAIT

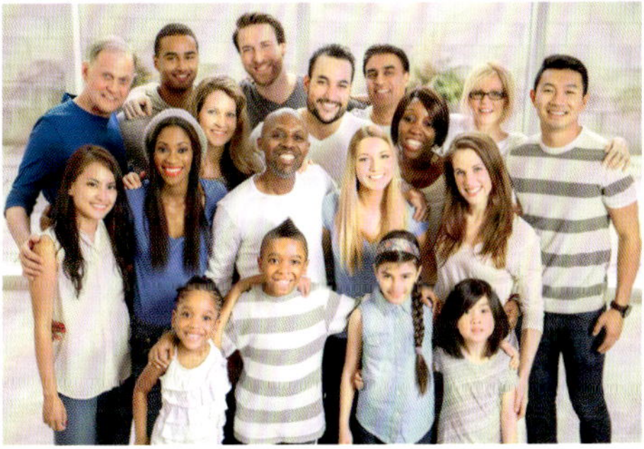

KEY PRINCIPLES

- In order to get everyone in focus, you need a deep depth of field. So shoot in **APERTURE PRIORITY** shooting mode and set the aperture between **f/8–f/16**.

- **Focus on the person in the middle of the group**. Check focus by zooming in to view it at 100% and check the faces in the front and back rows. If anyone is out of focus, use a smaller aperture for deeper depth of field.
- Use **MULTI METERING** mode to account for the light in the entire scene.
- **Arrange the group so they can all see you** (and you can see them).
- Use **EXPOSURE COMPENSATION** if the image is too bright or too dark.
- If image is blurry, **raise the ISO** to allow the camera to use a faster shutter speed.

LANDSCAPE

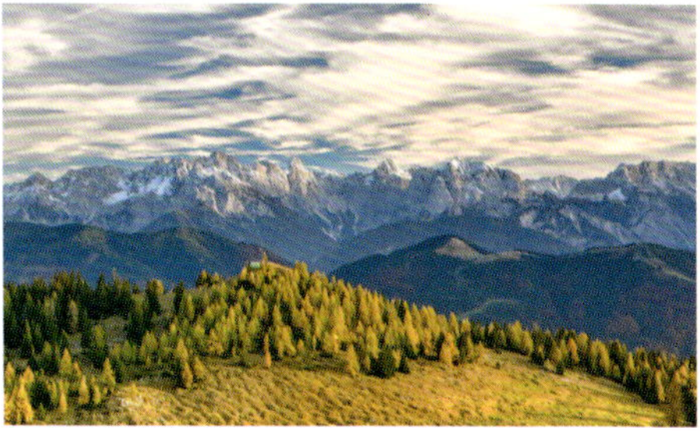

KEY PRINCIPLES

- Shoot in **APERTURE PRIORITY** shooting mode to control depth of field, and start with f/16 to ensure deep depth of field.
- **Use a tripod** to eliminate camera movement. Whenever your camera is on a tripod, also make sure **STEADYSHOT** (image stabilization) is turned off.
- Use **MULTI METERING** mode and the **SINGLE-SHOT AF (AF-S)** focus mode.
- **Set the ISO to a low setting (100–200)** to avoid any digital noise.
- Shoot in **RAW** so that you have the most available information when editing later.
- Consider **BRACKETING** your exposures.

SHOOTING SCENARIO

FREEZE ACTION

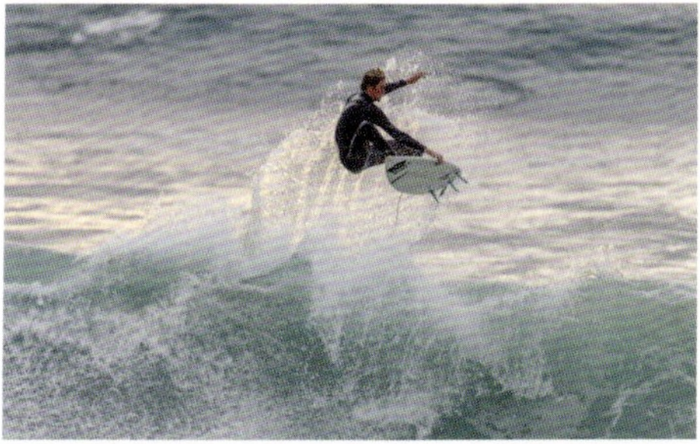

KEY PRINCIPLES

- Use **SHUTTER SPEED PRIORITY** shooting mode and set the shutter speed to a value that will freeze the action. The appropriate shutter speed depends on your subject and its movement, but could be anywhere between **1/500–1/8000 sec.**
- Use **CONTINUOUS AF (AF-C)** focus mode so that the camera keeps focusing as the subject moves.
- Try the **FLEXIBLE SPOT** focus area setting to make it easier to focus on the subject and not the background or foreground.
- If the image is dark or blurry, **raise the ISO or try AUTO ISO** to automatically have the camera adjust the ISO as needed.

SHOOTING SCENARIO

SHOWING MOTION—PANNING

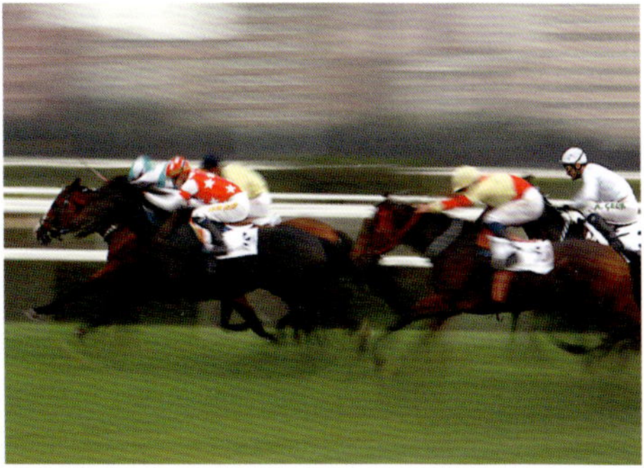

KEY PRINCIPLES

- Shoot in **SHUTTER SPEED PRIORITY** shooting mode and set the shutter speed to a value that is slow enough to allow for the subject to move during the exposure.
- **Follow the subject** across the frame as you shoot.
- **Try using the LCD monitor** (instead of the viewfinder) to watch the speed of the subject, making it easier to track.
- Use **CONTINUOUS AF (AF-C)** focus mode, as well as **ZONE** focus area.

SHOOTING SCENARIO

LOW-LIGHT ACTION

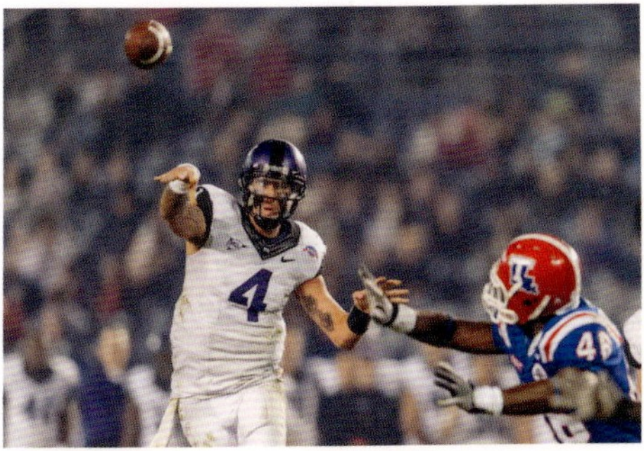

KEY PRINCIPLES

- Shoot in **APERTURE PRIORITY** shooting mode and use a wide aperture, such as **f/2.8 or f/4**.
- Use **SPOT METERING** mode and meter on the subject's face.
- Use **CONTINUOUS AF (AF-C)** focus mode and the **FLEXIBLE SPOT** focus area.
- **Set the ISO to 1600 or higher**, depending on the amount of available light.
- If the image is blurry, **increase the ISO** to allow for a faster shutter speed.

SHOOTING SCENARIO

LONG EXPOSURE

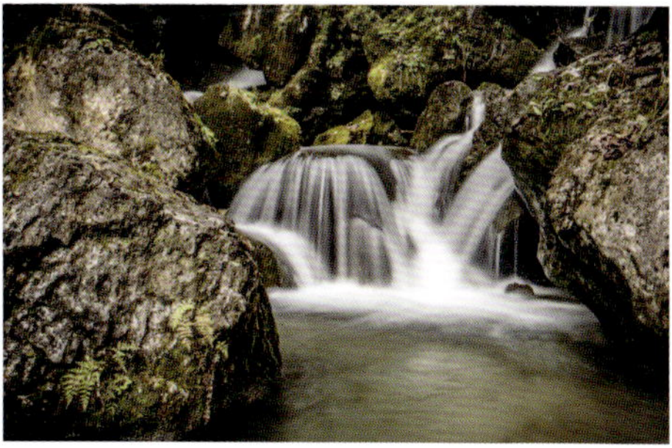

KEY PRINCIPLES

- Use **MANUAL** shooting mode, which allows you to use the **BULB** shutter speed for long exposures.
- **Use a tripod** to keep the camera stable. **Turn off STEADY-SHOT** (image stabilization).
- Use the **SINGLE-SHOT AF (AF-S)** focus mode, or try **manual focus** if the camera is having a hard time locking on focus.
- **Use a low ISO** (100–400) and **shoot RAW** to ensure a high-quality file.
- Use an optional **remote release** with a lock to avoid touching (shaking) the camera.

SHOOTING SCENARIO

MACRO/CLOSE-UP

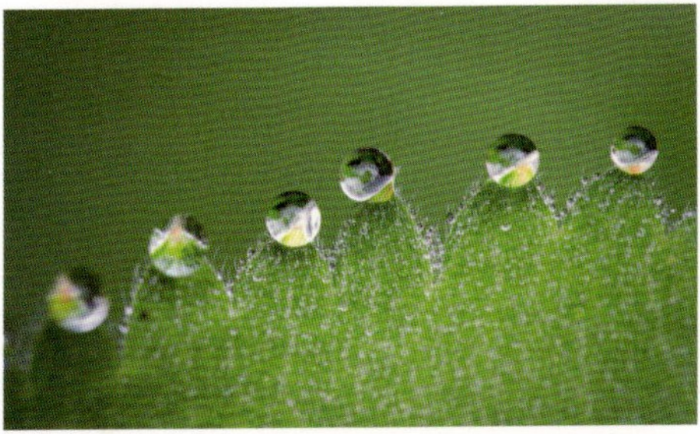

KEY PRINCIPLES

- Shoot in **APERTURE PRIORITY** shooting mode and use a small aperture to ensure you achieve enough depth of field (this image was shot at f/13).
- Use **MULTI METERING** mode to analyze the light in the entire frame.
- **Use a tripod** to keep the camera steady. **Turn off STEADY-SHOT** (image stabilization) when the camera is on a tripod.
- Use **DMF or manual focus**, and **zoom in** to confirm your focus is tack-sharp.
- Try using a dedicated **macro lens or close-up filter** to make sure you can achieve sharp focus when you're so close to the subject.

this same process at different angles. Often you cannot go from one dot to the other precisely, but in trying repeatedly, you will make smooth straight lines that frequently get quite close. The motion that you make is the important part. Fill the page with long confident lines going in lots of different directions. As it fills up, connect old dots with new lines both big and small. Then, spend time playing with the shapes that have been made. Make some darker, and leave some lighter. Erase things, or thicken certain lines.

CONTINUOUS LINE DRAWING

Using a sketching grip, wiggle the pencil around the page making smooth curving lines. Rather than worrying about the shapes that you are making, concentrate on the size of the shapes that are being created as you go. You are trying to fill the page with medium-size shapes. Though the lines that you are drawing are random and fluid, you are concentrating on the space of the page. After about 30 seconds your page will be full of lots of weird shapes. Spend time messing around with all of them. Make some dark and some light. Thicken some lines and erase others. Just mess around with the shapes you've created.

CIRCLES

Using a sketching grip make a circular motion. As you move the pencil around and around the circumference you are making, keep moving your hand until you can see a circle. Again, the motion is the important part. Though it can look a bit like an outline of a bird's nest, eventually you can always see a circle in that mix of lines. When you see a circle, you are done and it is time to move to the next circle. Make some big and some little. Fill the page with lots of overlapping circles. After several minutes your page should be full of circles. Spend time messing around with all of the new shapes that have been made where the circles overlap. Make some dark and some light. Thicken some lines and erase others. Just mess around with the shapes.

BLIND CONTOUR DRAWING

Setup is important on this one. You need to have your chair at a 90° angle from the surface that you are drawing upon. You are doing this so that you can look at something and specifically not look at your piece of paper. You want to set a timer for three minutes, because it's easy to lose track of time. Choose an interesting organic object to observe. Slowly follow the outline of that object with your eyes and let your hand follow that same line on your piece of paper—but don't

03 SKETCHING EXERCISES

Sketching is primarily a way to free up your creativity. Sketching helps to loosen you up and to get you ready to work on your art. The reason that an artist should carry around a sketchbook with them all of the time is not so that they can create amazing artworks constantly. (I don't care what you've seen on Instagram—that is not what a sketchbook is for.) Sketching is an activity more than it is a product. When you learn to sketch well it helps you to tap into your creativity and develop your intuition.

There are different activities that you can do to loosen up and to relax. Many artists include them in their practice. There are lots of videos of sketching exercises online. Similar to an athlete's stretches, these sketching exercises help to get you ready to work on your art if you aren't in the right state of mind. Scratch paper is ideal for many of these sketching activities. I will do one of these activities for 15–20 minutes, and then throw the paper away. Even if you're not in the mood to create art, including even one of these activities can help you to get into a more creative space.

Drawing is a form of play. Learning a new skill like drawing is difficult, but that doesn't mean that you can't have fun. Each of these sketching activities is a kind of drawing game that you can play. When you are working abstractly, like these games have you work, then there is nothing to be ruined. The stakes are so low that it becomes much easier to enjoy the act of putting marks on a piece of paper. This is the state of mind that you should start your drawing session with.

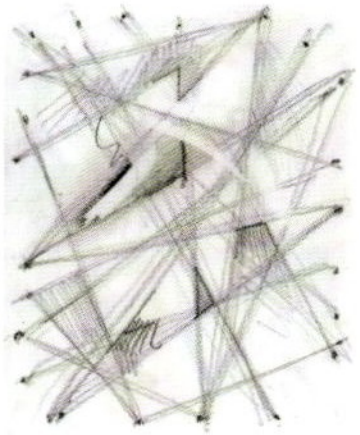

Connect the Dots

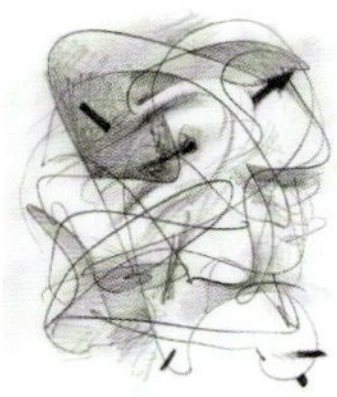

Continuous Line Drawing

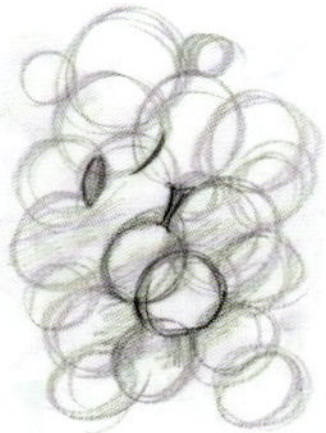

Circles

CONNECT THE DOTS

Using a sketching grip, place dots on a page far apart from each other. Connect those dots with a sketched line that goes quickly and confidently from one to the other. Repeat this same process at different angles. Often you cannot go from one dot to the other precisely, but in trying repeatedly, you will make smooth straight lines that frequently get quite close. The motion that you make is the important part. Fill the page with long confident lines going in lots of different directions. As it fills up, connect old dots with new lines both big and small. Then, spend time playing with the shapes that have been made. Make some darker, and leave some lighter. Erase things, or thicken certain lines.

CONTINUOUS LINE DRAWING

Using a sketching grip, wiggle the pencil around the page making smooth curving lines. Rather than worrying about the shapes that you are making, concentrate on the size of the shapes that are being created as you go. You are trying to fill the page with medium-size shapes. Though the lines that you are drawing are random and fluid, you are concentrating on the space of the page. After about 30 seconds your page will be full of lots of weird shapes. Spend time messing around with all of them. Make some dark and some light. Thicken some lines and erase others. Just mess around with the shapes you've created.

CIRCLES

Using a sketching grip make a circular motion. As you move the pencil around and around the circumference you are making, keep moving your hand until you can see a circle. Again, the motion is the important part. Though it can look a bit like an outline of a bird's nest, eventually you can always see a circle in that mix of lines. When you see a circle, you are done and it is time to move to the next circle. Make some big and some little. Fill the page with lots of overlapping circles. After several minutes your page should be full of circles. Spend time messing around with all of the new shapes that have been made where the circles overlap. Make some dark and some light. Thicken some lines and erase others. Just mess around with the shapes.

BLIND CONTOUR DRAWING

Setup is important on this one. You need to have your chair at a 90° angle from the surface that you are drawing upon. You are doing this so that you can look at something and specifically not look at your piece of paper. You want to set a timer for three minutes, because it's easy to lose track of time. Choose an interesting organic object to observe. Slowly follow the outline of that object with your eyes and let your hand follow that same line on your piece of paper—but don't look at your piece of paper! The point of your pencil should follow the contour of the object slowly and accurately. Closely obsere this line until you finish the outline. Then, just as though your eye was a little bug, follow the contour inside the object as well. Let your eye wander across the contour of the object slowly following along with your drawn line. When the three minutes are up you are done.

GESTURE DRAWING

Whenever you draw from a live model, the length of poses will always go the same. The model will start with very short, three-minute poses to begin, and then hold longer and longer poses throughout the session. These quick poses are intended to give the artists a chance to practice gesture drawing. In a gesture drawing, you quickly draw the most basic shapes of the model. You only have a few minutes. You don't have time to focus on details, instead you are just focusing on the gesture. I have learned to start by drawing the line of the spine first. Then note the angles of the shoulders and the hips to that line and draw them in next. After that, measure the lengths of the sections of the arms and the legs, and then finally note the general shape of the hands, feet, and head. All of this is done with an overhand sketching grip. When you have these elements in place, then you use the remainder of your time adding the masses of the body to these lines. You will be surprised how realistic these drawings look even though you have spent only a few minutes on them. The gesture is an aspect of the model that is verifiable, and yet, because everything is so abstract and briefly drawn, it is also a very creative drawing.

04 THE BLOCK-IN

No matter what you want to draw, it all starts with shapes. Hands are a great example. The classic art student refrain is "I can't draw hands." Personally, I have never started a good drawing of a hand by trying to draw, a hand. No, instead I start by drawing the quadrilaterals and rectangles which compose it.

As you begin to learn how to draw you need to set more reasonable goals for yourself than drawing "hands." Shapes that are simpler are geometric shapes. These most simple of shapes are easiest to master. They are also the easiest to use to judge spatial relationships and the relative size and position of compositional elements, or proportions. Consequently, these are the shapes that you should begin your composition with. Blocking-in, or laying-in, is a way to begin your drawing with these easier shapes every time.

STEPS OF THE BLOCK-IN

- Sketch the basic shapes lightly, measuring their relationships.
- Refine basic shapes, and add details lightly.

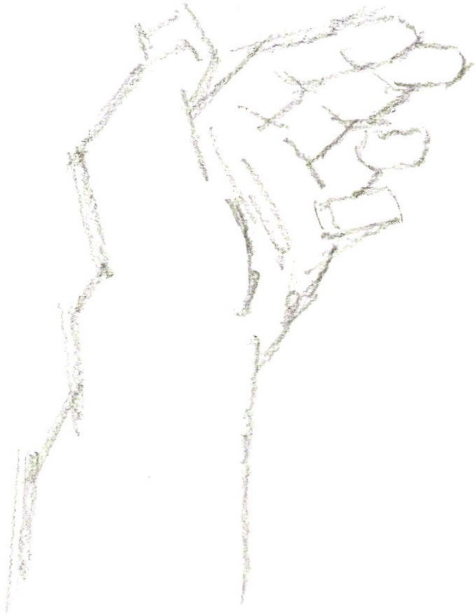

Sketch the Basic Shapes Lightly

These basic geometric shapes—circles, triangles, and squares—are easy to draw using a sketching grip. At this stage of your drawing, this grip also helps because the kinds of marks that you make are looser and more intuitive. Hopefully they are messier. As you begin your drawing you need to give yourself permission to make lots of mistakes. If you don't, you will often not finish that drawing. Any mistake that cannot be erased in this early stage is a nail in the coffin of your drawing. By using that sketching grip you are helping yourself to sketch light and loose.

Using Your Pencil to Measure

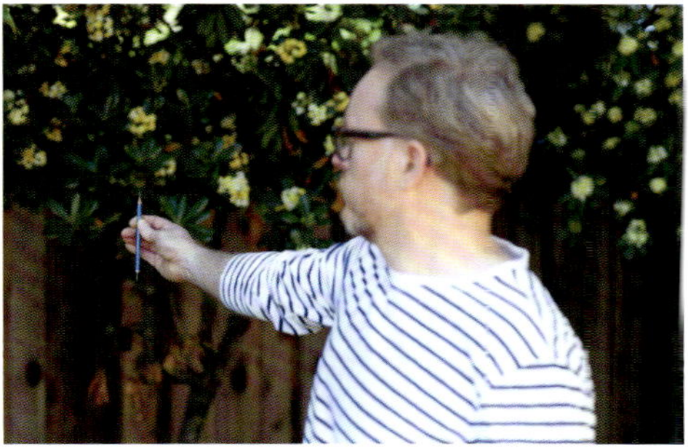

When you begin a drawing, you also need to do some measuring. Artists always use relationships when they are measuring. How big is the head compared to the body? How wide is the tree compared to the pond? To make these measurements you are going to use your pencil. If you hold up your pencil extended away with a straight arm and close one eye, you can use the length of that pencil to compare things that you see. These comparisons will always be valid as long as you keep that arm straight and the pencil is perpendicular to your line of sight. How many pencils tall is the head compared to the body? Measure the head first with your pencil. Then, use that measurement to see how many heads tall the body is. For most people, the answer will be around seven.

These comparisons are essential. The basic shapes that you see in a person that you draw will be rectangles and circles. If you measure these shapes as you sketch them, then your drawing will have good proportions. This is how you can learn to draw things better. No matter how well or poorly you can draw a person, if you are able to draw the basic shapes that compose them, then you are well on your way to drawing them better.

Using Your Viewfinder to Measure

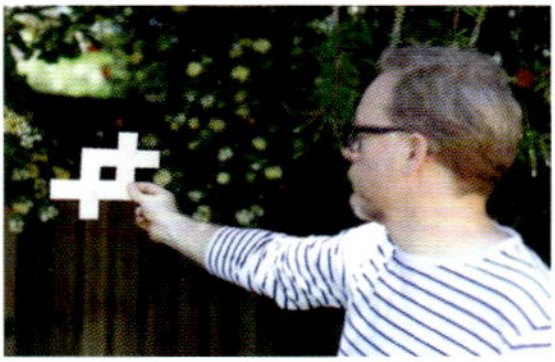

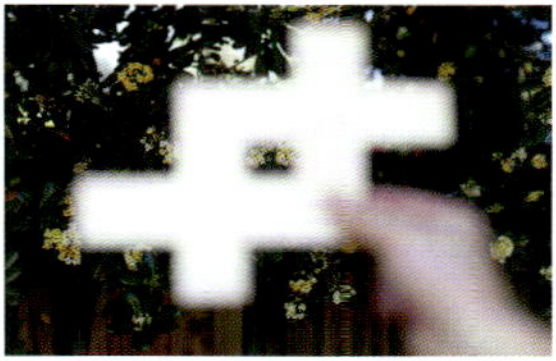

Another tool that you can use in this early stage of blocking-in is your viewfinder. Open your viewfinder so that your subject takes up the same amount of space in its frame as it does on your piece of paper. By using your viewfinder, you can pay better attention to the scale of objects within your composition. When you do this in the beginning of your composition, it is possible to avoid issues related to scale that often occur. Getting proportions correct means seeing these underlying shapes in your subject.

It is very easy to become so absorbed in the part of your drawing that you are working on that you end up losing an understanding of the composition as a whole. By using your viewfinder when blocking-in you avoid a lot of errors that could occur with scale and proportion. While you look at your subject through that viewfinder, it is also easier to block out things that are not in your composition. Also, blocking these things out and letting parts of your composition interact with this frame makes it easier for you to flatten out what you are drawing. 3D forms can become confusing. But your viewfinder helps you to see them for what they are at the current stage of your drawing: shapes. That's all you should be focusing on. Shapes and lines and how to simplify the complex world you are looking at.

Angle Sighting

Along with identifying these underlying shapes and comparing them to each other through measurements, another important aspect of beginning your block-in is to pay attention to angles. Just as you use your pencil to measure the length of basic shapes, you use it to see the angles at which those shapes meet. If I am drawing an arm in the act of throwing, then I want to draw the angle at which the biceps meet the forearm correctly. When I hold my pencil up as I do to measure, I can line it up with the forearm and then pay attention to the angle that the pencil intersects the bicep. This is a very additive process. So, if I start off with a poor angle sighting and then move on to add other things, down the line my drawing is going to look wrong.

Refine Basic Shapes and Add Details Lightly

Once you have the most basic shapes blocked in on your page, then it is time to move on to the next step. All of those basic shapes that make up what you are going to draw should be the right size compared to each other. If you have been practicing that sketching grip, then you should not have anything on your page that has to stay. You should have sketched lines that can all be changed and manipulated to suit your needs.

It's time to move on to refining these simple shapes into the shapes and forms that you see in front of you. To do this, you are going to need to switch back to the writing grip that you are more used to. A sketching grip is great for planning things out, but it is not great when it comes to adding details. Ever since you were a little kid you have built up your fine motor skills to write letters and numbers, and you are going to need those skills to render these more intricate lines and shapes. But you also need to remember that you are still sketching. While you are concentrating and focusing your attention on getting your lines and shapes just right, it is very easy to slip back into pushing hard and making lines that are more permanent. But you are still sketching. Be sure to keep it light and loose, because you need to develop this skill.

Don't be afraid to make mistakes! If you are sketching lightly, then you can do whatever you like—it is not going to ruin your drawing. By relaxing and being more open to mistakes at this stage, you are also going to find that what you might have worried was a mistake in the past is actually what you want to achieve. One of the joys of drawing is tapping into your intuition. By freeing yourself up and recognizing that no mistake is going to destroy your hard work, you will find greater confidence in taking risks.

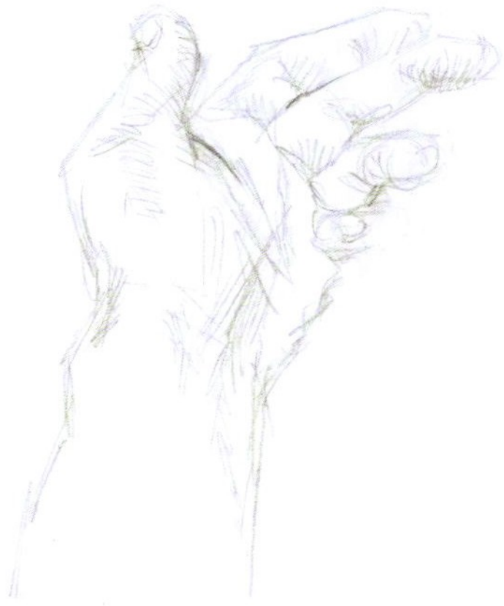

For most people who are inexperienced with drawing, the fear and anxiety can keep them from finding joy in the work. Being able to relax is a key skill. By sketching lightly and adding details to what you have sketched lightly, you are giving yourself the confidence to stick with your drawing when you would have given up in the past.

In this stage of your drawing, you want to keep paying attention to how things look. Which means that you want to pay more attention to what you see. You should be looking at your subject, as much as you are looking at your piece of paper. If you find yourself concentrating on your paper and not looking at your subject it is usually because you are trying to control some aspect of what you have drawn that does not seem under control. You aren't going to solve your problems by ignoring your subject. Just the opposite. Put your pencil down, and *look*. Use your viewfinder to isolate the part of your subject that is giving you difficulty. Use your pencil to make comparisons. If the relative size of those basic shapes is correct, then it is time to start paying attention to angles.

Angle sighting is simply putting your pencil up and positioning it in the same angle as the line you are trying to draw. By doing this you are again flattening out what you are looking at. Your paper is a flat plane that you are drawing on, but your subject often is not. By holding your pencil up in the position of the line that you are trying to draw, you can simplify this complex three-dimensional form into something simpler so that you can more easily make that mark on your piece of paper.

Building on the simple rectangle that you may have used to block-in the torso of the person you are drawing, it is time to bring that person to life. As you spend more time observing your subject it gets easier to turn these basic geometric shapes into more complex and subtle organic shapes. It is not simply the curves involved in a torso. There are also the characteristics of a shirt with its wrinkles and the stiffness or the softness of its form. All of these details are added on top of that basic geometric framework.

While you are adding these details, you will be erasing your set-up lines. The framework that you have been using to measure will vanish, as you are ready to begin refining your drawing. If you have blocked it in well, then your audience will never know how you were able to create this illusion. Sometimes artists like to leave some of these set-up lines in place to give a more informal character to their drawing. These are referred to as *pentimenti*, Italian for "thoughts." When you study the work of great masters of art, you will sometimes find pentimenti in their drawings.

05 REFINING YOUR DRAWING

STEPS FOR REFINING YOUR DRAWING

- Erase set-up lines.
- Refine your line quality and add shading.

Now that the block-in has been completed it's time to move on to refining your drawing. This is when the artist in you gets to come out. What kinds of lines will you use to make your drawing look good? How will you add shading to your work? The finished artwork is ready to begin.

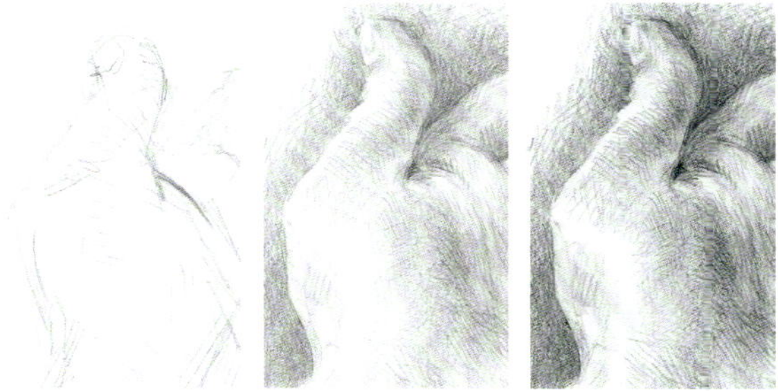

Erase Set-up Lines

You need to start off by erasing your set-up lines. These are all of the lines that you have made that will not end up in the final artwork. This is your opportunity to decide on the final forms of your drawing. If you have been sketching lightly and loosely, then you should have lots of set-up lines that need to be erased. Making more "mistakes" as you begin a drawing means you have lots of options. If you have been refining your shapes, then there should be choices that you can make to help create better shapes than you ever could have without these set-up lines. Often there are marks that occurred without you necessarily intending them. My drawing instructor referred to these as "the muse" when I was going to a classical art school. Without making more "mistakes" you leave yourself very little space to be influenced by the muse.

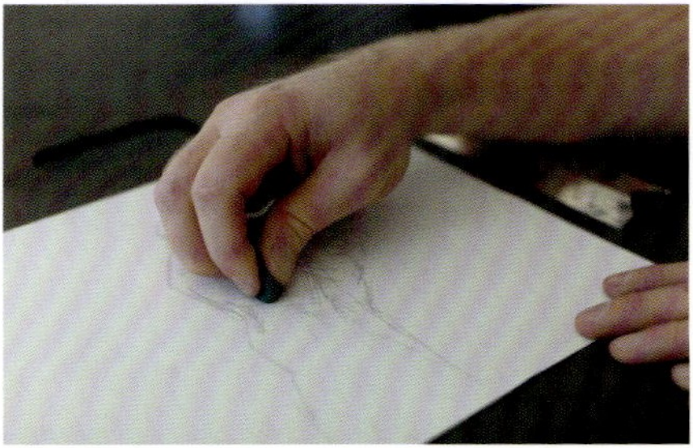

Refine Your Line Quality

Line quality is the name of the game at this point. The kinds of lines that you use will help to set you apart from other artists. Unlike the sketched lines that you have been using up to this point, the marks that you use now will add character to your drawing. These refining lines are really built more like shapes. They depend on your understanding of the medium that you are using. Some mediums are less forgiving than others. But you can't go wrong with graphite. Rather than relying on the first mark that you put down on top of that set-up line, most artists will go over their lines several times. This gives you a chance to vary the thickness of your lines and the darkness as well. By varying these aspects of your lines, you make marks that are complex and subtle. Connoisseurs know artists by the quality of their lines. There are lots of characteristics that you can give to your drawing through the use of good line quality. Much like the notes of a song your marks will help to distinguish your style. The notes may be the same in a punk song, a country ballad, and a classical sonata, but the way that they are arranged and played changes the way they are received.

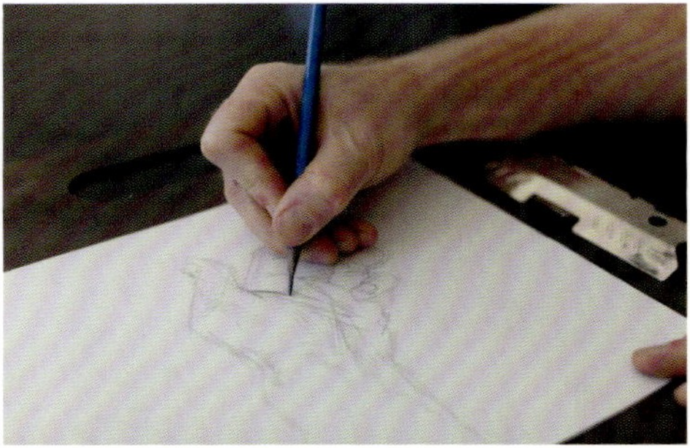

Perseverance is one of the most important attributes of a good artist. A lot of people give up on their artworks too quickly. If you have done a block-in, you already have a better artwork than most simply because you have given yourself the time and space to succeed where others would have failed. No matter your ability level, if you invest time in varying things, then you will have a better artwork than others. If you spend time changing your line quality and add shading to the entire composition, then your artwork will necessarily be better. For many people the fact that the artwork is not as good as they would like will hold them back from persevering. You have to get past that. If you take time to play with the lines, shapes, and values the better your drawing your will look. You have to learn to enjoy these art elements. You need to enjoy the process of making them. Before worrying about one-point perspective or realistically shading, you just need to enjoy making the art that you make.

The sketching activities that you learned about are designed to help you with this. You are an artist! The art that you make is good enough. Have fun with the stuff that you make, and stop worrying about how good you "should" be drawing. Those negative thoughts are a burden. When you learn to relax and enjoy making the marks that you make on the page, then you will be able to make your art better.

ADD SHADING

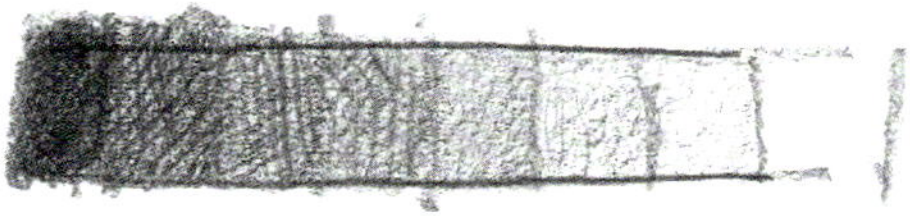

Eight Bar Value Scale

Especially when you are starting out, you need to use an eight-bar value scale. *Value* is the lightness or darkness of colors. A value scale is an easy thing to draw and should be available when you are moving past the block-in stage. Just draw a rectangle on a piece of scrap paper. Divide that rectangle in half. Divide each of the halves in half, and then divide each of those quarters in half. Leave the far-right section white and then darken the far-left section black. Now add shading to each of the boxes so that they gradually progress from black to white. To ensure good shading, use these eight values in your drawing. Mid-tone gray is the middle most shaded section of this scale. This tone of gray is in the middle of your darkest darks and the lights that you draw. Mid-tone gray is the value that a photographer will set their camera to in order to get a full range of values in their photograph. A dynamic composition should have all of these eight values represented in it.

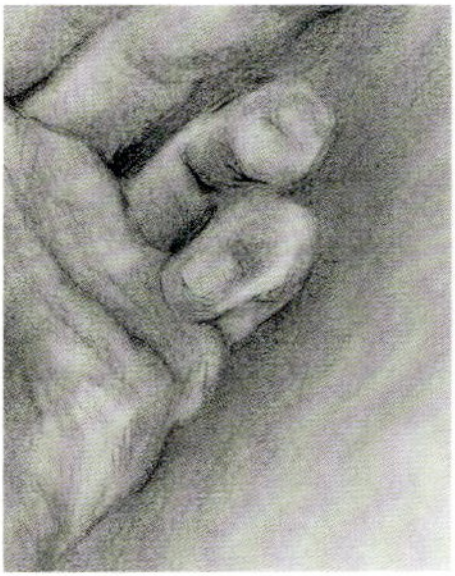

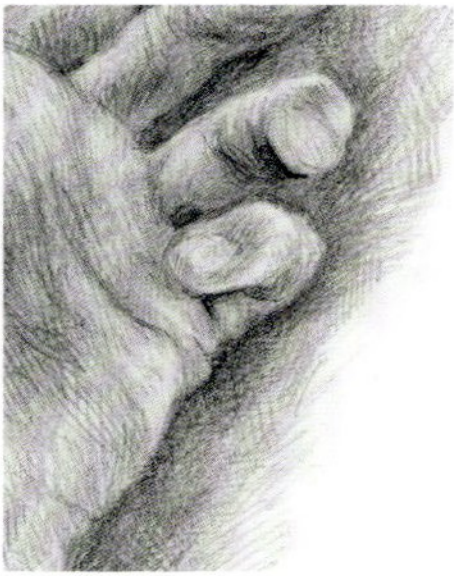

Good shading really starts with good observations. What we see around us has a huge range of values. So far on your drawing, you have spent time refining the shapes and adding the details that you see accurately. Now it is time to do the same with value. In classical art training, this skill is drilled into young artists. More than your choice of colors, your understanding of the values that you see in front of you is a fundamental skill. Beginning artists normally do not add enough shading to their drawings.

Hatching and Crosshatching

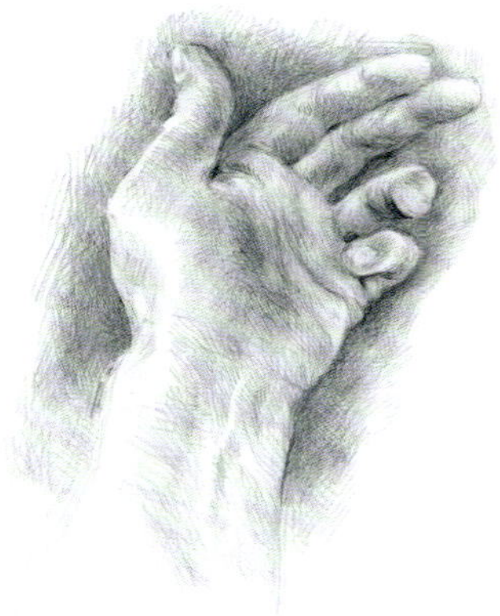

The thickness or thinness of your lines as well as their lightness or darkness are aspects of line quality that I already have mentioned. When shading, you need to repeat lines over and over. It is really a skill that needs to be practiced. I have met art teachers who spend a lot of time having their students practice hatching and crosshatching over and over again. You can't practice it too much. The way you hatch or crosshatch is a matter of style. Just like your line quality needs to be something that you enjoy making, you need to find the same joy in the way that you add these shading lines. It is very satisfying to get them right. Using a sketching grip can give you a certain quality of line in your shading. Using your writing grip will give you a totally different effect. Both of them can work together to create movement in the marks that you make. That movement has a beauty of its own.

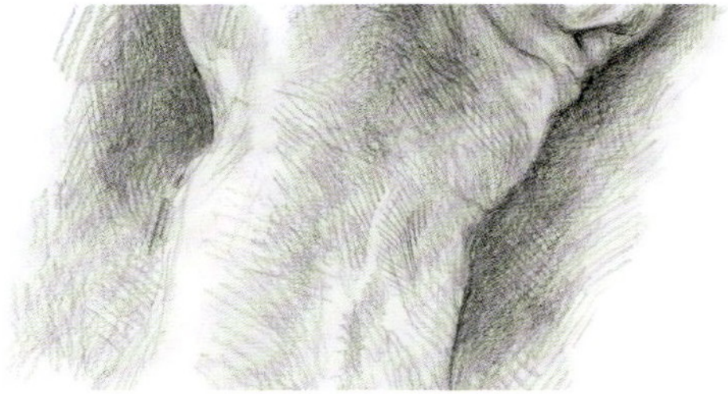

Contour lines used in your hatching and crosshatching can better give the impression of the form you are drawing. They follow the form. Like lines on a topographic map, they can go much further than straight hatching or crosshatching lines to give depth to your drawing. In order to add these types of shading lines you need to have a feeling for the contour of the form. How does that arm curve? How far does that fold of fabric recede? These observations will affect the thickness and thinness of your lines and the direction that they are drawn.

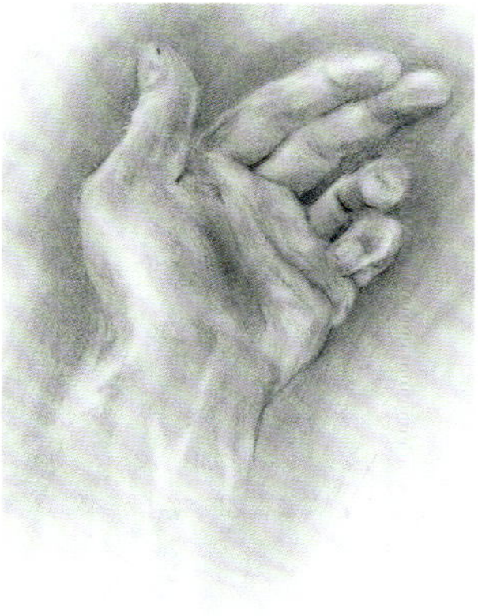

Smudging

I have placed smudging after hatching and crosshatching on purpose. Smudging is often a crutch that can get in the way of adding value in a more intentional way. Smudging is a finishing touch in shading. Before smudging, spend time adding value in hatching or crosshatching, and then smudge to blend areas of value in a more subtle way.

Using graphite and charcoal means using smudging. This form of shading can create very subtle transitions from light and dark. But, without proper control, this smudging can also lead to a messy drawing. Softer media like high B pencils and soft charcoal are better for smudging. A **tortillon or a blending stump** is a tool that you can use to smudge more accurately.

Toned or Grounded Paper

When you want to create a more refined drawing, one way that you can do so is by using a grounded paper. Toning or grounding your paper is a way of adding value to your entire composition. It is really an easy thing to do. Using your sandpaper sharpener, spread graphite around on your page. Then, use a paper towel or a napkin to smudge this powder all over the page. Once there is a good amount of graphite spread around, you can use a kneaded eraser to pick up darker spots and lighten them. Aim for a mid-tone gray value all over the whole page.

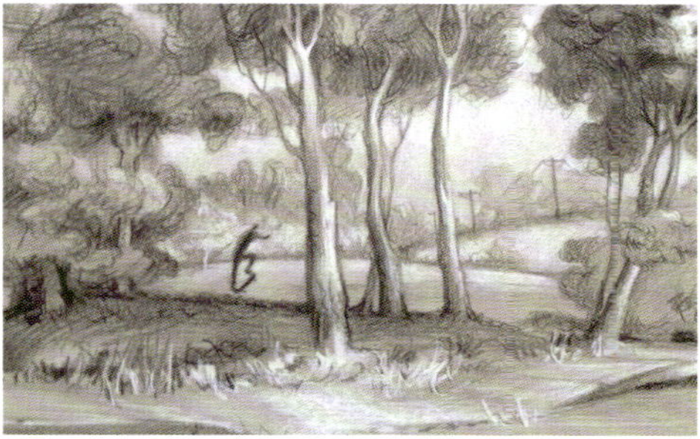

By starting with a grounded or toned piece of paper you force yourself to think about the addition of not just darker shades but also lighter ones. The value you use for grounding is now in place. As you work on your shading, you can think about erasing or blending to achieve lighter values and adding graphite to create values darker than the grounding tone, rather than just building up darkness from a white sheet of paper.It is a way of forcing yourself to use all eight values of that eight-bar value scale in your drawing.

Another benefit of using a grounded piece of paper is that it is easier to remove mistakes. Renaissance artists often worked on grounded paper, and it is a fundamental skill of most classical art training to this day.

06 COMPOSITION BASICS

VISUAL WEIGHT FOR BALANCE AND EMPHASIS

As you create compositions, you need to think about why you are making them. Each drawing should have a clarity of purpose. You need to know what you are trying to say, to express. To help with expression you can use visual weight. Each motif that is added to a composition has an effect on the whole. It is necessary to be aware of this as you build up your composition.

As you darken some lines and leave others less dark, as you use shading to fill in some shapes and not others, you are changing the *visual weight* of those motifs. If you are not aware of the effect that your changes are having on the composition as a whole, you can lose what you were trying to say in the first place.

This use of visual weight in your compositions is a way of balancing your art. Drawings look good when they are balanced compositions. The easiest form of balance to recognize is *symmetric balance*, like when you have a composition that is truly symmetrical like a butterfly with its wings spread wide. There is a beauty in the way one side mirrors the other. That beauty is the balance of the artwork along that central line of symmetry that runs through the composition and the visual weight is equal on both sides.

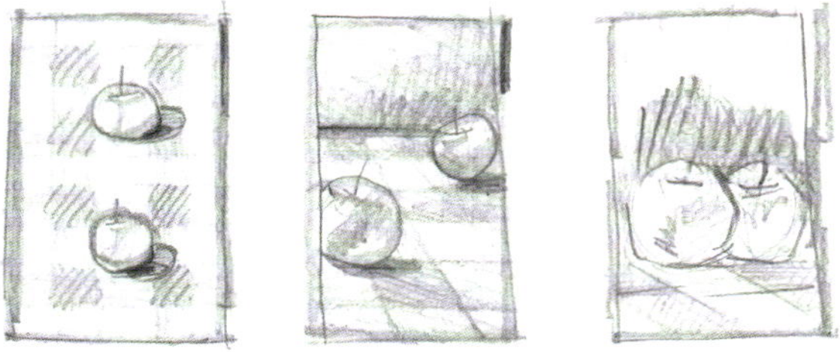

You can create very different drawings of the same subject just by using different forms of balance.

A sun or a flower in the middle of a page that is perfectly symmetrical has a charm in the way it is balanced In these situations, the balance is radiating out from a central point. Again, just like the butterfly, the beauty of the balance is in its regularity or its rhythm. For people who are new to drawing this kind of balance is the most comfortable because it is easiest to control. What you do on one side you do on the other, and the repetition of these elements creates a pleasant visual language. But, because they are the same on both sides, this repetition also gives the art a static quality. The equation is less elegant because of its simplicity and because it is logically balanced all the time.

This static quality can be good. It can give a feeling of security and stability to an artwork. A hallmark of a young child's development artistically is a period of reliance on symmetrical balance. Things are put in the center of the composition because it's easiest to put them there and to elaborate outwards. But security and stability to one person can be considered stiff and boring to another, which really inhibits the usefulness of symmetrical balance systems. As you get better at planning out a composition, you will not want to rely on such simple forms of balance.

More dynamic drawings are not symmetrical. They rely on visual weight to create balance in less easily understood ways. Asymmetrical balance is the use of visual weight to bring balance to a composition even though things are not the same on both sides. *Asymmetrical balance* can be as easy as adding more visual weight to the same thing that you have in one part of your composition to another. That increase in visual weight breaks up the monotony of a boring composition. Playing with the visual weight of different elements in a composition is how you balance that composition.

By thinking ahead and planning how you want your drawing to look, you can make more informed decisions about how you want to add elements to your drawing. You can focus the attention of your viewer to different parts of your drawing by planning the type of visual weight you will give those parts compared to each other.

A classic system for creating good balance in a composition is the *rule of thirds*. Rather than putting something in the middle of a composition, place it instead at one third or two thirds of the width or height. Breaking up your composition into thirds both vertically and horizontally and then adding visual weight at these thirds creates a more complicated form of balance. This use of breaking the composition up into thirds is how the viewfinder of a camera works. Those grid lines can usually be seen as you look through the viewfinder.

USING THE VIEWFINDER TO COMPOSE

Just like the viewfinder on a camera, your viewfinder can help you to plan out your composition. As you begin to block in the elements of your drawing, you can use it to form a plan for balancing the visual weight. With a light sketching grip and the ability to see the basic shapes that will make up your composition, you can develop a beautiful drawing just with the placement of different elements and motifs.

A viewfinder is easy to make out of a piece of cardstock paper and a couple of paper clips. Cut a standard piece of cardstock in half so that it is 8.5 inches by 5.5 inches. Use a ruler to draw two identical L shapes on the paper by measuring in 1.5 inches in from the edge of the page on all sides. They should be 1.5 inches wide. Make economical use of the entire square and cut each L shape out. Use your two paper clips to join the pieces together to make a frame in which the frame opening can be adjusted to any size square or rectangle you choose.

Your new viewfinder is easy to use, if you change its frame so that it has the same dimensions as your composition, then you can see where everything that you are going to add to that composition will belong. Remember that you are measuring your composition, and keep one eye closed. Just like when you measure with a pencil, you want to be sure to hold out your viewfinder so that your elbow is stiff and your arm is straight.

You are trying to keep this frame the same size in relation to your subject at all times. Move yourself so that you can work on your paper with your viewfinder comfortably being held up with that straight arm. As you look through your viewfinder, you are looking for where those basic shapes are located within your composition and how big they are compared to each other. When you plan with this viewfinder, you are just beginning to block things in. It is not a time for details. That will come later. Instead, you are simply planning out the basics of how the entire drawing will look.

Again, even though you are actually looking at your subject, because you are sketching in these basic shapes, you are really using your intuition. You have a feeling for where these basic shapes are. That feeling is easily distracted. You have to focus on the big picture. Because you are sketching lightly and loosely, however, you don't have to worry about where you are placing elements. You can erase anything that doesn't work and change it so that it does work. Planning out a drawing in this way, you are really clarifying your subject mentally as you go along. Even the most faithful representation of something seen is really a very creative act. Each element must be bravely and creatively combined on your page. If you have ever attended a figure drawing class and seen the artists at work, then you understand this dynamic at play.

POSITIVE AND NEGATIVE SPACE SHAPES

An important factor to the success of your composition is the interaction of positive and negative space shapes. These shapes are easily seen but only if you know to look for them. A drawing of a tree is not simply a drawing of the positive space that the tree takes up. It also consists of the negative spaces that the tree does not take up. The interactions of these positive and negative space shapes are something that you need to pay attention to in order to plan out your composition. Positive and negative space shapes fit together like puzzle pieces to create your composition. If something is going wrong with one, then it is also going wrong with the other.

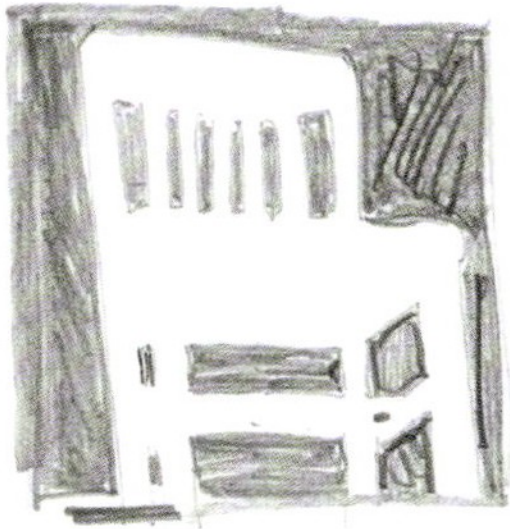

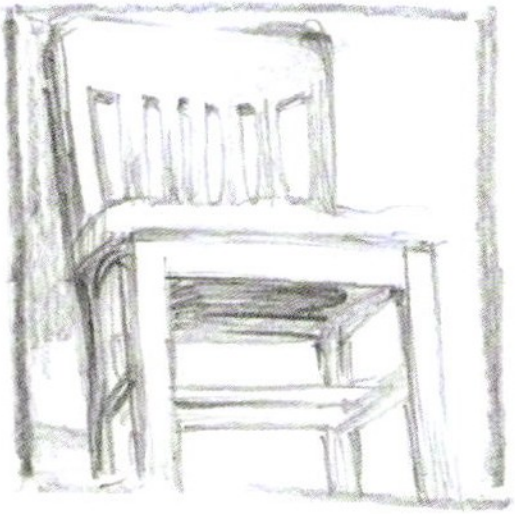

The warm-up activity of the blind contour drawing can help with this skill of recognizing positive and negative space shapes. Most people have great difficulty freeing themselves mentally to pay attention to such shapes. With practice though you can get better at observing these shapes and then get better at recognizing their importance to your composition.

ILLUSION OF DEPTH

A drawing is necessarily flat. Any feeling of depth in an artwork is an elaborate ruse perpetrated by the artist to fool their audience into dispelling what they know and buying into the composition that they are seeing. This is a magical power that the artist has. But, just like a magician, you need to be aware of the lies you are telling so that you can properly fool your audience. If you do not use these tools of deception well, your audience is not going to believe in the magical realm you are showing them. Your mastery of these skills can be the difference between the magic of a disappearing rabbit and the sad reality of a rabbit stuffed into a pocket.

Overlap

When it comes to creating this illusion of depth, overlap cannot be stressed enough. The best way to give the illusion of depth is to use overlap effectively. If you want something to look like it is in front of something else, then you should place it in the composition so that it covers up a part of that thing in the background. This is the easiest way to create the illusion of depth. A piece of paper is flat. Nothing is in front of anything else. But things appear closer or further when you overlap them well. But conversely, they will not create this illusion if they are not drawn well.

As you block in your drawing. You have the ability to plan out where one thing will overlap another. Using sketching lines, it is easy to manipulate the objects in your drawing to create an impression of one being in front of another. More of the techniques for doing so are listed below. But the most important tool is overlapping well. Lines and shapes need to be erased well, and emphasis needs to be given to the thing in front and taken from the thing behind through line quality and value for the illusion to work well.

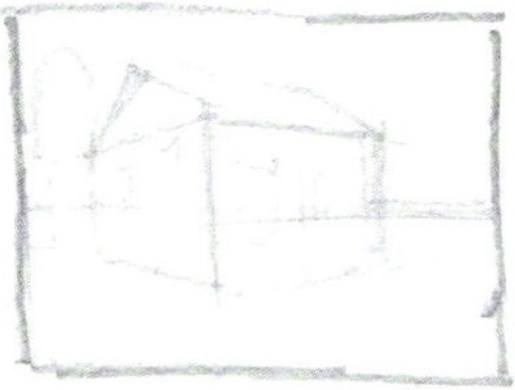

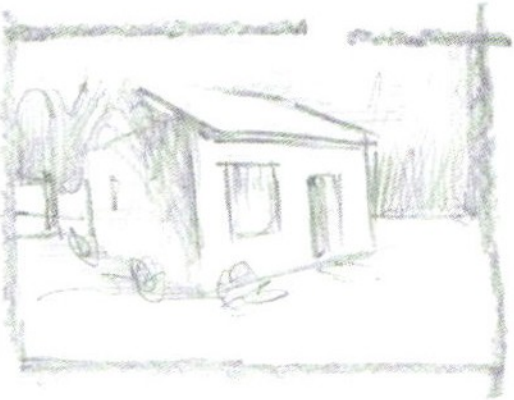

PLACEMENT

The three basic registers of the compositional plane relate to our point of view and our point of view is related to a horizon line. Upper (A), middle (B), and lower (C) registers help to orient your audience in this fictional space. We exist on the flat plane of the earth and everything that we see can be placed in relation to that flat plane and the sky above.

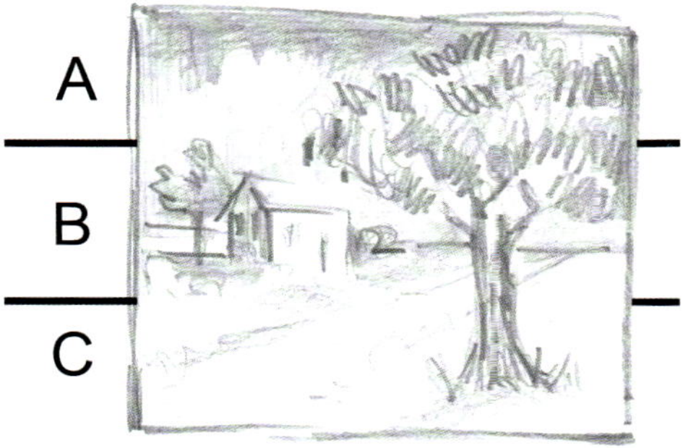

Things that are placed above the horizon line appear to be taller than us because the horizon line is related to our eye level. Things that are placed below that horizon line appear to be shorter than us for that reason as well. Things that begin lower in the picture plane appear closer and those that begin higher appear to be further away, again in relation to the horizon line.

Other easy aspects of perspective that go along with placement are scale and contrast. As things get further away from us, they lose contrast. This is referred to as *atmospheric perspective* because atmosphere causes things to lose contrast. Though there's very little stuff in the atmosphere (it's measured in parts per million), there *is* stuff. It is not empty space. That stuff dulls the things we see. So, when there is lots of that stuff because something is distant from us, then details are lost and so is clarity. Those mountains look like they are painted because of this loss of clarity.

SCALE AND PROPORTION

Things that are closer to us are bigger, and things that are further away are smaller. When people do not pay attention to how things appear in the real world, they often do not correctly use scale. Small children usually use scale to denote the importance of things instead. Mommy is big in the composition, because mommy is important. But when you look at the world around you, the relative scale of things is that they are bigger when they are near, and they get smaller and closer to the horizon line as they get further away.

CONTRAST AND DETAIL

Another tool in the creation of the illusion of depth is contrast and detail, which also relate to atmospheric perspective. Things that are closer to us have more contrast and more detail. Contrast and detail are two forms of visual weight that help to separate things visually. As things recede away toward the horizon line, they lose detail and they lose contrast. To mimic this, you want to use your darkest darks and lightest light values in close proximity on things that are closer in your composition. You need to add more detail to those things as well. It is really as though you are focusing the eyes of your viewer on the things that are closer and blurring them on the things that are further away.

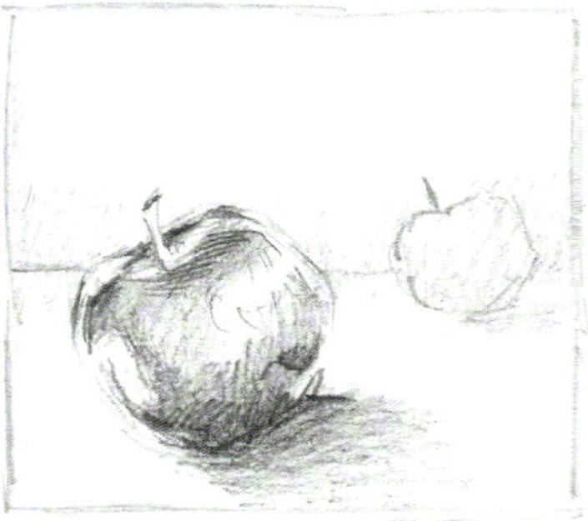

BASIC SHAPES

The first step of blocking-in is to draw the basic shapes lightly. These basic shapes will not necessarily end up in the finished composition. Often you can use these basic shapes to convey hidden feelings in a composition. Triangles with wide bases parallel to the bottom of the composition give a feeling of structure to your composition. Right angles also give this feeling. Using these basic shapes as you plan your composition will help to impart these feelings to your drawing. Diagonals give a feeling of movement.

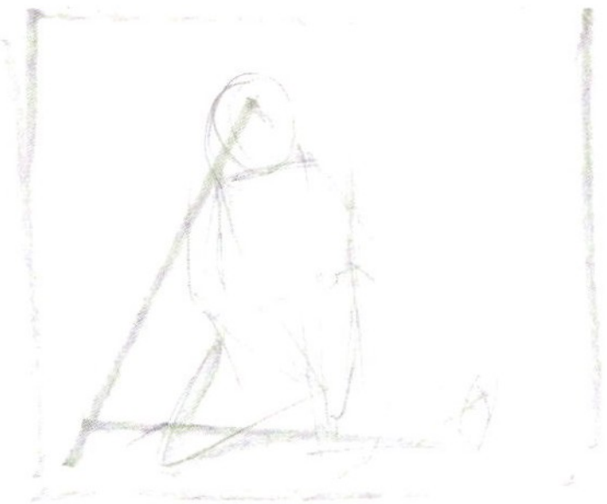

The general shape is a triangle. This gives a feeling of stability to the composition.

All throughout history artists have developed these systems to affect their audience. Modern advertising has learned to use all of these design techniques to get us to buy shampoo—and it works! The rule of thirds works with these other basic shapes to create balance in many artworks that are very complex. This is not simple symmetry. No, when you have learned enough about the illusion of depth you can really create balance in an artwork that is terribly complex. In this image, where the lines cross are thirds of the composition. Placing areas of interest on those spots unifies the composition.

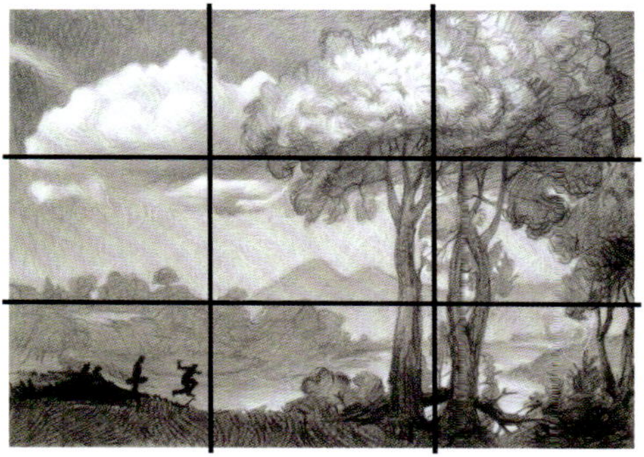

07 DEVELOPING A STYLE

The beautiful thing about drawing is that I just gave you an infinite number of options. Art has been developing for thousands of years, and yet it is still being done differently by every artist. It's wild!

This refining of a drawing is the development of your style. Now that the block-in is complete, the artwork is ready to begin. All of the complexity or the simplicity that you hope to add to your drawing starts at this stage. It is important to spend time studying the things that you like. All artists are thieves. We take what we want from others as we develop our style. Every succeeding generation is blessed with all of the knowledge of all the previous generations. You have more information to work with about how to create art than any other artist that has existed in the past. The medieval phrase was "standing on the shoulders of giants." Craftsmen of that time recognized the debt that they owed to those masters of the past. Lots of artists in our time think that it is them against the world, that they owe nothing to anyone. This is a very modern conceit. It could be true. You do not have to learn from what has come before. But if that was you then you, would not have just read this whole book.

You are capable of any artwork that you see. Spend time looking at art closely. Pay attention to the kinds of marks that the artist has used which you enjoy. If you see an element in an artwork that you like, then think to yourself, *How do I do that?* You can do anything that they have done. It is a skill to be learned, and you are learning it. It is an amazing feeling looking at a drawing by Van Gogh and thinking to yourself, *I can do that*. But you can. Spend time looking closely at art that you like. Pay attention to all of the tools employed by the artist. What lines did they use? How did they create that form which you like? How did they create that illusion of depth?

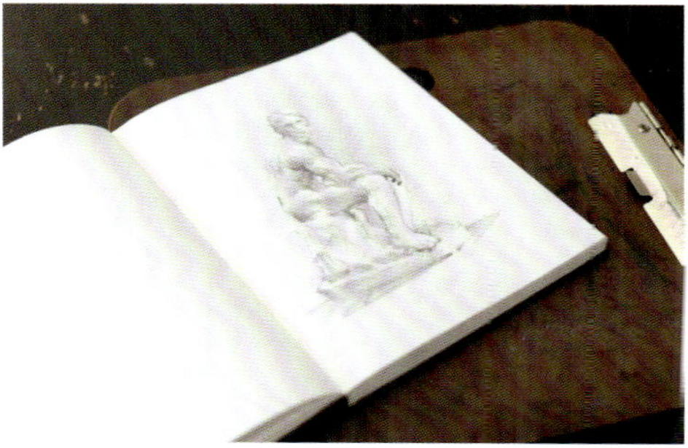

As you find these elements that you like and you begin to decode the way the artist has made them, you need to record your findings in a sketchbook. What made you want to make art? Was there an artist whose work got you into this? Is there a certain genre that you love like manga or Marvel? I loved *Calvin and Hobbes*. Spend time copying things that you like in your sketchbook, and like a pitcher practicing a knuckleball, you will be practicing and developing the skill you hope to achieve. Contemporaries of Pablo Picasso were said to have hated him. They weren't jealous, they were annoyed because any time they figured out how to do something cool he would copy it and sell art instead of them. He stole all of the best techniques, and the world bought his art. He was the most productive artist in the history of the world and was overjoyed to be. You should be too. Let's get to work!

You will notice that I have not given you instructions on how to draw any one thing in particular. If you can practice these techniques, you can draw anything that you see. Spend time sketching. Practice drawing as much as you can. Take joy in the marks that you make on the page. If you can do these things, your drawings will always improve.